콕콕 짚어 주는 사회복지 현장실습 지침서

오창순 · 장수미 · 김수정 공저

학지사

머리말

사회복지 교육과정에서 '사회복지현장실습'은 가장 중요한 과목 중 하나로 사회복지학과 교수와 학생, 실천현장의 사회복지사가 함께 인정하고 한결같이 강조하고 있는 바다.

1990년대 이전 사회복지학과와 현장의 수가 모두 부족했던 시절에 이 과목에 법정 필수과목이라는 개념이 없었음에도 사회복지현장실습은 사회복지가 실천학문이라는 점을 강조하며 대학마다 최소 6학점, 많게는 12학점까지 운영되었다. 그러던 중 1990년대 이후 사회복지학과를 신설하는 4년제 대학이 급증하였고, 2000년대에 들어서는 전문대학, 사이버대학에서도 사회복지학과의 신설이 크게 증가했을 뿐 아니라 평생교육원에서도 사회복지사 양성과정을 운영하면서 사회복지현장실습 교육은 일대 위기를 맞게 되었다. 교육기관의 사회복지학과 증가 추세에 비해 사회복지실천현장의 증가 추이는 상대적으로 매우 저조하여 현장실습지의 부족 현상이 가장 큰 쟁점으로 등장하였고, 이로 인해 실습교육의 질적 향상도 담보하기 어려운 상황에 놓이게 된 것이다.

사회복지사 국가시험이 시행되면서 사회복지현장실습은 법정 필수과목이 되었고, 이에 따라 모든 사회복지학과에서 이 과목의 이수를 하지 않을 수 없게 되었다. 하지만 교육기관에 비해 현장의 수가 턱없이 부족한 상태에서 사회복지현장실습은 6학점 혹은 9학점으로 운영하는 것이 현실적으로 거의 불가능해졌으며, 3학점 이수조차도 쉽지 않은 상황이 되면서 실천학문인 사회복지에 큰 위기가 닥쳤다.

이에 한국사회복지사협회와 한국사회복지교육협의회는 '실천의 현장'을 실천을 교육하는 '교육의 장'으로 전환하여 대학과 실천현장의 공동교육 기반을 마련하였다. 아울러 한국사회복지사협회는 사회복지현장실습 운영을 위한 지침서 개발을 기획하였고, 한국사회복지교육협의회가 연구협력의 역할을 담당함으로써 주어진 여건을 최대한 활용할 수 있는 '사회복지현장실습 지침'을 마련하기에 이르렀다(한국사회복지교육협의회, 2005). 이렇게 마련된 교과목 지침은 학생들이 제한된 여건에서나마 표준화되고 전문화된 교육을 받을 수 있도록 최대한의 내용을 담았으며, 현장실습 교육을 내실 있게 제공하도록 대학의 실습지도교수와 실습교육 전담 실습지도자의 자격 기준, 수퍼비전 방법 등을 상세히 제시하였다. 이후 거의 모든 대학의 사회복지학과는 이 사회복지현장실습 교과목 지침에 의거해 교과를 운영하고 있으며, 이 책도 이 지침을 충실하게 반영하고자 하였다.

저자들은 그동안 사회복지학과 학생들이 전공 과목 중 사회복지현장실습에 대해 가장 많이 긴장하고 고민하는 것을 가까이에서 봐 왔다. 학생들은 실습을 어디에서 할 것이며, 실습기관에 어떻게 접촉해야 할 것인지, 그리고 신청서나 자기소개서는 어떻게 작성해야 하는지 등을 막연하게 생각하고 자신 없어 하는 경우가 많다.

우리는 이 책을 현장실습과목을 수강하는 학생들을 위한 안내서로서 집필하였다. 물론 그간 사회복지실습을 다룬 책은 많이 나왔지만 대체로 학생과 실습지도자를 공동 대상으로 하는 강의용 책이 대부분이었다. 따라서 실습생에게는 별로 도움이 되지 않는 수퍼비전에 대한 내용이 담겨 있는가 하면 오히려 꼭 필요한 서식을 작성하는 방법 등 도움을 받고 싶은 부분의 예시는 부족하여 활용도가 매우 낮았다. 이 책은 이런 문제를 해결해 줌으로써 실습을 스트레스가 아닌 즐거움과 기대로 학생들이 받아들일 수 있도록 구성하였다.

이 책의 특징은 오로지 학생들에게 필요한 내용만으로 이루어졌고, 실습을 하기 전의 준비 과정이나 실습 동안 수행해야 할 과제 등을 어려움 없이 배워 갈 수 있도록 비교적 상세한 예시를 수록했다는 것이다. 또한 내용을 쉽게 이해할 수 있도록 예시나 참고사항을 해당 내용이 언급된 쪽에서 연이어 볼 수 있게 구성한 점도 특징이라 하겠다. 그러나 이 경우는 즉시 궁금증을 해소할 수 있고 관심을 분산시키지 않는다는 장점이 있는 반면, 시각적으로 다소 복잡해 보인다는 단점도 있다. 아직 미흡한 부분이 남아 있지만 추후 보완을 통해 개정해 가면서 완성도 높은 안내서가 되도록 노력할 것이다.

이 책은 총 3부 7장으로 이루어져 있으며, 부록을 담고 있다. 제1부는 사회복지현장실습에 대한 개관으로서 사회복지현장실습의 교육 목표 등 주로 한국사회복지교육협의회와 한국사회복지사협회의 현장실습지침에 근거한 내용을 소개했고, 제2부는 사회복지현장실습의 단계로서 본격적인 현장실습에 들어가기 전 준비 단계부터 실습 단계인 진행 단계와 종결 단계에 이르기까지의 내용을 포함하였다. 여기에서는 실습현장에서 주어지는 문서나 과제에 보다 쉽고 편안하게 접근할 수 있도록 다양한 예시를 제공하고 있다. 마지막으로 제3부는 평가 및 강의실에서 이루어지는 실습세미나와 관련된 부분이다.

이 책에 수록된 예시들은 학생들이 많이 고민하고 실제로 사용한 것을 거의 그대로 옮겨 놓은 것이다. 또한 현장의 실습지도자가 작성한 자료도 포함하고 있다. 이 책을 접하는 학생들이 앞서 실습을 마친 선배들의 흔적에서 도움을 받아 고민의 시간을 줄이고, 보다 편하고 즐겁게 실습에 임함으로써 실습 자체에 좀 더 집중하여 최대의 효과를 얻을 수 있기를 기대해 본다.

좋은 후배 사회복지사가 많이 배출되기를 기대하며 망설임 없이 자신의 자료를 제공한 사회복지학과 학생들, 특히 한남대학교 박경애, 서울시립대학교 노지균, 청주대학교 김재욱, 김지수, 김인영, 박수빈, 박진은, 송민지, 임은혜, 한은혜 학생에게 진심으로 감사를 전한다. 또한 이 책에 필요한 자료를 기꺼이 제공하신 서울시립대학교 종합사회복지관의 안로사 팀장님, 대전생명종합사회복지관의 권태용 부장님, 청주서부종합사회복지관의 박정연 과장님, 그리고 청주대학교 손선주 교수님과 국제사이버대학교 장선심 교수님의 도움에도 특별히 감사의 말씀을 드린다.

2014년 2월

저자 일동

차 례

제 1 부 > 사회복지현장실습의 개관

사회복지현장실습의 교육

1. 사회복지현장실습 교과목의 특징 및 운영 현황

1) 사회복지현장실습 교과목의 특징

'사회복지현장실습'은 사회복지 교과목 중 가장 중요하게 간주되는 과목으로, 교과목 개편이나 실습 강화 등을 통해 학생들에게 양질의 현장교육을 제공하기 위하여 끊임없는 고민과 연구가 계속되고 있다.

사회복지 교과과정 연구를 주요 목적으로 하는 '한국사회복지교육협의회'는 1966년 창설된 이후 사회복지 교육과 서비스 질의 유지 및 발전, 그리고 사회복지 전문성 강화를 위한 노력의 일환으로, 또한 1998년 이후부터는 사회복지사 1급 국가자격시험에 대비하기 위해 전국 4년제 대학교의 사회복지학과에서 가르치는 교과과정의 표준화 작업을 진행해 오고 있다. 교과목 표준화의 목적은 사회복지 교육의 목적과 방침을 명확히 하고, 사회복지 교과과정의 핵심 내용을 표준화하며, 사회복지 전문성의 정체성을 강화한다는 데 있다(한국사회복지교육협의회, 2013b).

이 표준화 작업으로 2012년 현재 일곱 번째 『사회복지 교과목 지침서』가 만들어졌고, 여기에는 법정필수과목과 선택과목 외에 비법정과목을 포함한 35개 교과목에 대한 학점 및 시간, 교과목 목표, 참고문헌, 교과목 내용, 참고사항이 포함되어 있다. 현재 전국의 4년제 대학교 사회복지학과에서 제공하는 모든 전공 교과목의 교육 내용은 한국사회복지교육협의회의 이 교과목 지침서를 기본으로 하고 있다.

'사회복지현장실습' 교육 역시 이 교과목 지침서의 내용에 기반하고 있으며, 이것이 여타의 교과목과 다른 특징은 크게 네 가지로 구분할 수 있다.

첫째, 여타의 전공과목이 1학점당 1시간씩 주당 3학점 3시간을 기본으로 하는 데 비해 현장실습은 주당 현장실습 교육 8시간과 학교에서의 세미나 3시간을 포함하여 주당 11시간을 할당한 3학점으로 한다는 점이다.

둘째, 강의실 밖 현장교육이 중심이 되기 때문에 교수와 학생 간 강의보다는 현장의 실습지도자와 실습생 간 개별화된 수퍼비전이 교과과정의 가장 큰 부분을 차지하고 있다는 점이다.

셋째, 현장실습은 사회복지교육협의회가 제시한 지침 외에 현장에서 일하고 있는 전문 사회복지사 조직인 '한국사회복지사협회'의 현장실습지침을 수용하면서 긴밀한 교육 공조 관계를 기반으로 한다는 특징이 있다.

마지막으로 현장실습은 「사회복지사업법」에 의한 법정 필수과목으로 규정되어 있고, 실습 교육의 질 관리를 위해 실습기관, 실습지도자, 실습 시간 등 법적 기준을 담고 있다는 점도 이 교과목만의 특징이라고 볼 수 있다.

요약하면, 이 교과목의 특징은 다른 교과목에 비해 학점당 부과된 시간이 월등히 많고, 강의실이 아닌 현장에서의 교육에 집중하며, 「사회복지사업법」에 의한 법적 기준을 기반으로 한국사회복지교육협의회 「사회복지 교과목 지침서」의 '사회복지현장실습'과 한국사회복지사협회에서 제공하는 '사회복지현장실습지침'의 내용을 담고 있는 것이라 하겠다.

현장실습과 관련하여 한국사회복지사협회에서는 2013년 8월부터 보건복지부 지원으로 협회 홈페이지에 사회복지현장실습기관 및 실습지도자를 등록하는 '실습기관 등록 시스템'을 가동하고 있다. 이 시스템에 수록된 등록 정보는 실습기관 정보, 실습 정보(실습 시간, 실습 운영 방식, 실습지도자 1인당 지도 인원, 실습비 등), 실습지도자 정보(근무처, 근무 기간, 직위 등 경력사항)이며, 이를 통해 사회복지현장실습의 내실화 및 안정화를 꾀하고 있다. 이 시스템에 실습기관 및 실습지도자로 등록된 경우, 「사회복지사업법 시행규칙」에 의한 실습 기준을 충족하는 것으로 인정되어 실습생 및 교육기관(대학)에 공신력 있는 실습기관으로서 정보를 제공할 수 있을 것이다. 또한 실습을 진행할 때 학교에 제출하는 서류를 '사회복지현장실습 등록증'만으로 간소화할 수도 있다. 한국사회복지사협회에서는 앞으로 이 시스템에 등록된 기관만 '실습생 모집 게시판'을 이용할 수 있게 할 계획이며, 이렇게 되면 추후 사회복지사 자격심사 때 실습기간이 충족되지 않아 자격증 발급이 어려워지는 경우를 예방할 수 있을 것으로 기대하고 있다(한국사회복지사협회 홈페이지 참고).

2) 사회복지현장실습 교과목의 운영 현황

실천학문인 사회복지학에서는 현장실습의 질적·양적 강화가 더 필요하다는 의견이 많다. 한국사회복지교육협의회에서 사회복지현장실습과목의 바람직한 개설 방향을 조사한 결과 51개 회원 대학교 중 23개교가 필수 6학점으로, 20개교가 필수 3학점 및 선택 3학점으로 개설하는 것이 바람직하다고 응답하였다(한국사회복지교육협의회, 2005).

현재 사회복지현장실습은 3학점짜리 한 강좌가 필수로 지정되어 있긴 하지만, 그 중요성을 강조하며 2개 강좌 6학점 이상(필수 두 강좌 혹은 필수와 선택 각각 한 강좌씩)을 개설하고 있는 대학교가 대부분인 것으로 보고되고 있다.

최근 한국사회복지교육협의회에서 52개 학과 교수 184명과 현장 사회복지사 1,635명의 응답을 분석한 실태 조사 결과에 따르면, 사회복지현장실습 교과목 중 최소 1개 강좌를 필수로 하는 학과가 32개 학과(62.7%)였고, 2개 강좌를 필수로 개설한 학과는 16개 학과(31.4%)인 것으로 나타났다. 그리고 많게는 5개 강좌와 10개 강좌를 필수로 개설하고 있는 경우도 각각 1개 학과가 있었다. 필수 외에 선택으로 강좌를 개설하고 있는 경우는 1개 강좌를 선택으로 제공하는 경우가 19개 학과(38.8%), 2개 강좌를 선택으로 제공하는 경우가 3개 학과(5.8%)로,

분석 대상인 52개 학과 중 41개 학과인 78.85%가 필수과목 및 선택과목으로 2개 이상의 강좌를 개설하고 있는 것으로 나타났다(한국사회복지교육협의회, 2013, pp. 30-31).

같은 조사 연구에서 교과목 개편에 관한 의견을 살펴보면, 현행 사회복지현장실습의 법정 필수 이수 학점은 3학점으로 되어 있는데 교수와 사회복지사 각각 응답자 중 다수의 비율을 차지하는 70% 이상이 6학점 이상으로 확대해야 한다는 의견을 보이고 있다. 교수는 6학점이 적정하다는 응답 비율이 65.9%(118명)인 데 반해, 사회복지사는 6학점 45.8%, 9학점과 12학점, 15학점이 각각 10.7%(175명), 6.2%(101명), 6.7%(110명)를 표명해 교수의 의견보다 많은 학점으로 확대해야 한다는 의견을 보이고 있다(한국사회복지교육협의회, 2013, pp. 56-57).

이에 앞서 또 다른 연구에서는 사회복지사의 공급과잉과 자격증 제도의 문제점에 주목하여 이에 대한 해결방안으로 현재의 사회복지사 1급 · 2급 자격증 제도를 단일 자격증 제도로 통일하고, 사회복지현장실습 교육의 질 관리를 위해 실습인증제 도입 및 총 실습 240시간으로의 확대를 제안하고 있다(이봉주, 김기덕, 2008). 따라서 머지않아 현장실습의 필수 학점이 과거와 같이 6학점으로 회귀할 가능성이 높아지고 있으며, 이런 변화는 사회복지 전문화를 위해 바람직할 뿐 아니라 필수불가결하다고도 할 것이다.

미국의 경우는 현장실습을 사회복지 교육의 핵심으로 강조하기 때문에 학사과정은 400시간, 석사과정은 900시간의 실습 시간을 규정하고 있고, 실제로는 대부분의 학교에서 이보다 더 많은 시간을 요구하고 있다. 사회복지현장실습에 많은 시간을 투자하는 만큼 실습지도자 자격 요건, 실습 수업, 실습 지원 과정 등 실습에 관한 모든 사항에서도 규정이 엄격하다. 예를 들어, 실습지도자의 경우는 사회복지대학원을 졸업한 후 최소 2년 이상의 실무 경험이 있어야 하고, 실습이 끝날 때마다 학생들로부터 평가를 받아 평가 점수가 좋지 않으면 학교는 그 실습지도자를 더 이상 채용하지 않게 된다. 실습지도교수는 학생들이 실습하고 있는 현장에 3차례 방문(가을학기 두 번, 봄학기 한 번)하여 학생들이 실습 계약에 따라 적절한 수퍼비전을 받으며 실습하는지 확인해야 한다(최길호, 2005, pp. 19-49).

2. 사회복지현장실습의 교육 목표

사회복지현장실습 교육은 학생들이 학교에서 배운 사회복지의 가치와 이론 및 기술을 실제 상황에 적용해 보는 경험을 통해 전문 사회복지사로 성장할 수 있게 준비시키는 데 목적이 있다. 이 목적을 달성하기 위하여 한국사회복지교육협의회에서 제시한 현장실습의 교육 목표는 〈표 1-1〉과 같다.

표 1-1 사회복지현장실습의 교육 목표

1. 사회복지현장의 실천 과정에 사회복지 가치 및 윤리강령, 지식 및 기술을 적용할 수 있는 능력을 기른다.
2. 클라이언트 체계의 문제 확인, 정보 수집, 사정 평가, 개입 계획 및 개입 수행, 그리고 평가 과정을 경험해 봄으로써 문제해결 능력을 키운다.
3. 지역사회 내 위험집단이나 표적집단의 강점과 특성, 자원에 대한 지식을 활용할 수 있는 능력을 기른다.
4. 사회복지 시설, 기관 및 조직의 사명, 정책 및 행정을 이해하고 이를 실천에 적용할 능력을 기른다.
5. 실천 현장 관련 국가나 지역(지방정부)의 사회복지정책 및 전달 체계를 분석하고 실천에 적용한다.
6. 전문 사회복지 인력으로서 적성을 점검하고 자신에 대한 이해를 높이는 과정을 통해 전문적 자기 인식과 전문가 정체성을 형성한다.
7. 사회복지 실천 현장 및 분야에 대한 이해를 높이고 실습한 내용을 학문적으로 이해 · 통합하는 능력을 기른다.

출처: 한국사회복지교육협의회(2012).

교육 목표가 광범위하기 때문에 길지 않은 실습 기간 동안 단 한 곳의 정해진 실습지에서 이상의 목표를 달성하기에는 현실적으로 어려운 일이 아닌가 생각할 수도 있다. 그러나 실습 기간 동안 다양한 기관 방문이라든가 효율적 교육방법을 통해 실현할 수 있는 목표임을 유념해야 한다. 참고로 현장실습(교과목)의 교육 목표와 학생들이 실습현장에서 수립해야 하는 실습 목표는 다르다.

3. 사회복지현장실습의 교육 내용

사회복지현장실습 교육은 사회복지의 가치와 지식, 기술을 실천적으로 적용할 수 있는 능력을 키우는 데 초점이 맞춰지고 있다. 실습을 통해 학생들이 공통적으로 학습해야 하는 내용과 기술을 제시한 Fortune(1994)은 이를 '전문적 발전을 위한 교육 내용' '행정적 지식 및 기술' '정책적 교육 내용' '기본적 대인관계 기술' 그리고 '클라이언트 체계에의 개입 일반적 기술' 등 다섯 가지 범주로 나누어 제시하고 있다. 이를 요약 설명하면 다음과 같다.

1) 전문적 발전을 위한 교육 내용

전문적 발전을 위한 내용에는 ① 사회복지 가치와 윤리에 대한 사명감 확인, ② 인간의 다양성을 존중하고 다양한 배경의 사람들과 일할 수 있는 능력을 기르는 것, ③ 사회적 억압, 차별 그리고 경제적 부정의를 극복하려는 책임감과 사명감, ④ 자신에 대한 객관적 인식과 자신의 강점 및 약점에 대한 지식인 자아인식을 향상시키는 것, ⑤ 자신의 전문적 성장에 대한 책임감을 갖는 것, ⑥ 자기 자신의 활동의 효과성을 평가할 수 있는 능력을 기르는 것 등이 포함된다.

예를 들어, 학생은 사회복지 가치 및 윤리적 사명감과 관련해서 스스로 그것을 확인할 기회를 가져야 하며, 다양한 상황에서 마주치는 모호하고 갈등적인 윤리적 상황을 처리함에 있어 전문적 가치에 따라 행동하도록 자극받고 격려받아야 한다. 이를 위해 '사회복지사 선서문'(〈표 1-2〉 참고)이나 '사회복지사 윤리강령'(〈표 1-3〉 참고)의 내용, 또는 실천현장에서 직면하는 윤리적 딜레마에 대한 토론 등을 과제로 활용할 수 있다. 그리고 자아 인식은 전문적 성장의 기반이 되는 것으로, 자신의 강점이나 약점 및 고정관념 등을 파악함으로써 확인할 수 있다. 실습 기회를 통해 강점을 키우고 약점을 수정해 나간다면 자아 인식의 향상을 기대할 수 있을 것이다.

표 1-2 **사회복지사 선서문**

나는 모든 사람이 인간다운 삶을 누릴 수 있도록,
인간존엄성과 사회정의의 신념을 바탕으로,
개인 · 가족 · 집단 · 조직 · 지역사회와 함께한다.

나는 언제나 소외되고 고통받는 사람들의 편에 서서,
저들의 인권과 권익을 지키며,
사회의 불의와 부정을 거부하고, 개인이익보다 공공이익을 앞세운다.

나는 사회복지사 윤리강령을 준수함으로써,
도덕성과 책임성을 갖춘 사회복지사로 헌신한다.

나는 자유의지에 따라 명예를 걸고 이를 엄숙하게 선서합니다.

출처: 한국사회복지사협회 홈페이지.

표 1-3 **사회복지사 윤리강령**

§전 문

사회복지사는 인본주의 · 평등주의 사상에 기초하여, 모든 인간의 존엄성과 가치를 존중하고 천부의 자유권과 생존권의 보장활동에 헌신한다. 특히 사회적 · 경제적 약자들의 편에 서서 사회정의와 평등 · 자유와 민주주의 가치를 실현하는 데 앞장선다. 또한 도움을 필요로 하는 사람들의 사회적 지위와 기능을 향상시키기 위해 저들과 함께 일하며, 사회제도개선과 관련된 제반 활동에 주도적으로 참여한다.
사회복지사는 개인의 주체성과 자기결정권을 보장하는 데 최선을 다하고, 어떠한 여건에서도 개인이 부당하게 희생되는 일이 없도록 한다. 이러한 사명을 실천하기 위하여 전문적 지식과 기술을 개발하고, 사회적 가치를 실현하는 전문가로서의 능력과 품위를 유지하기 위해 노력한다.
이에 우리는 클라이언트 · 동료 · 기관 그리고 지역사회와 관련된 사회복지사의 행위와 활동을 판단 · 평가하며 인도하는 윤리기준을 다음과 같이 선언하고 이를 준수할 것을 다짐한다.

§윤리기준

Ⅰ. 사회복지사의 기본적 윤리기준

1. 전문가로서의 자세

1) 사회복지사는 전문가로서의 품위와 자질을 유지하고, 자신이 맡고 있는 업무에 대해 책임을 진다.
2) 사회복지사는 클라이언트의 종교, 인종, 성, 연령, 국적, 결혼상태, 성 취향, 경제적 지위, 정치적 신념, 정신적 · 신체적 장애, 기타 개인적 선호, 특징, 조건, 지위를 이유로 차별 대우를 하지 않는다.
3) 사회복지사는 전문가로서 성실하고 공정하게 업무를 수행하며, 이 과정에서 어떠한 부당한 압력에도 타협하지 않는다.
4) 사회복지사는 사회정의 실현과 클라이언트의 복지 증진에 헌신하며, 이를 위한 환경 조성을 국가와 사회에 요구해야 한다.
5) 사회복지사는 전문적 가치와 판단에 따라 업무를 수행함에 있어, 기관 내외로부터 부당한 간섭이나 압력을 받지 않는다.
6) 사회복지사는 자신의 이익을 위해 사회복지 전문직의 가치와 권위를 훼손해서는 안 된다.
7) 사회복지사는 한국사회복지사협회 등 전문가단체 활동에 적극 참여하여, 사회정의 실현과 사회복지사의 권익옹호를 위해 노력해야 한다.

2. 전문성 개발을 위한 노력

1) 사회복지사는 클라이언트에게 최상의 서비스를 제공하기 위해 지식과 기술을 개발하는데 최선을 다하며, 이를 활용하고 전파할 책임이 있다.
2) 클라이언트를 대상으로 연구하는 사회복지사는 저들의 권리를 보장하기 위해 자발적이고 고지된 동의를 얻어야 한다.
3) 연구과정에서 얻은 정보는 비밀보장의 원칙에서 다루어져야 하고, 이 과정에서 클라이언트는 신체적 · 정신적 불편이나 위험 · 위해 등으로부터 보호되어야 한다.
4) 사회복지사는 전문성을 개발하기 위해 노력하되, 이를 이유로 서비스의 제공을 소홀히 해서는 안 된다.
5) 사회복지사는 한국사회복지사협회 등이 실시하는 제반 교육에 적극 참여해야 한다.

3. 경제적 이득에 대한 태도

1) 사회복지사는 클라이언트의 지불 능력에 상관없이 서비스를 제공해야 하며, 이를 이유

로 차별 대우를 해서는 안 된다.

2) 사회복지사는 필요한 경우에 제공된 서비스에 대해 공정하고 합리적으로 이용료를 책정해야 한다.

3) 사회복지사는 업무와 관련하여 정당하지 않은 방법으로 경제적 이득을 취해서는 안 된다.

Ⅱ. 사회복지사의 클라이언트에 대한 윤리기준

1. 클라이언트와의 관계

1) 사회복지사는 클라이언트의 권익옹호를 최우선의 가치로 삼고 행동한다.

2) 사회복지사는 클라이언트에 대하여 인간으로서의 존엄성을 존중해야 하며, 전문적 기술과 능력을 최대한 발휘한다.

3) 사회복지사는 클라이언트가 자기결정권을 최대한 행사할 수 있도록 도와야 하며, 저들의 이익을 최대한 대변해야 한다.

4) 사회복지사는 클라이언트의 사생활을 존중하고 보호하며, 직무 수행 과정에서 얻은 정보에 대해 철저하게 비밀을 유지해야 한다.

5) 사회복지사는 클라이언트가 받는 서비스의 범위와 내용에 대해 정확하고 충분한 정보를 제공함으로써 알 권리를 인정하고 존중해야 한다.

6) 사회복지사는 문서, 사진, 컴퓨터 파일 등의 형태로 된 클라이언트의 정보에 대해 비밀보장의 한계 · 정보를 얻어야 하는 목적 및 활용에 대해 구체적으로 알려야 하며, 정보를 공개할 때는 동의를 얻어야 한다.

7) 사회복지사는 개인적 이익을 위해 클라이언트와의 전문적 관계를 이용해서는 안 된다.

8) 사회복지사는 어떠한 상황에서도 클라이언트와 부적절한 성적 관계를 가져서는 안 된다.

9) 사회복지사는 사회복지 증진을 위한 환경 조성에 클라이언트를 동반자로 인정하고 함께 일해야 한다.

2. 동료의 클라이언트와의 관계

1) 사회복지사는 적법하고도 적절한 논의 없이 동료 혹은 다른 기관의 클라이언트와 전문적 관계를 맺어서는 안 된다.

2) 사회복지사는 긴급한 사정으로 인해 동료의 클라이언트를 맡게 된 경우 자신의 의뢰인처럼 관심을 갖고 서비스를 제공한다.

Ⅲ. 사회복지사의 동료에 대한 윤리기준

1. 동 료
   1) 사회복지사는 존중과 신뢰로서 동료를 대하며, 전문가로서의 지위와 인격을 훼손하는 언행을 하지 않는다.
   2) 사회복지사는 사회복지 전문직의 이익과 권익을 증진하기 위해 동료와 협력해야 한다.
   3) 사회복지사는 동료의 윤리적이고 전문적인 행위를 촉진해야 하며, 이에 반하는 경우에는 제반 법률규정이나 윤리기준에 따라 대처해야 한다.
   4) 사회복지사가 전문적인 판단과 실천이 미흡하여 문제를 야기했을 때는 적절한 조치를 취하여 클라이언트의 이익을 보호해야 한다.
   5) 사회복지사는 전문직 내 다른 구성원이 행한 비윤리적 행위에 대해 제반 법률규정이나 윤리기준에 따라 조치를 취해야 한다.
   6) 사회복지사는 동료 및 타 전문직 동료의 직무 가치와 내용을 인정 · 이해하며 상호 간에 민주적인 직무관계를 이루도록 노력해야 한다.

2. 수퍼바이저
   1) 수퍼바이저는 개인적 이익의 추구를 위해 자신의 지위를 이용해서는 안 된다.
   2) 수퍼바이저는 전문적 기준에 의해 공정하게 책임을 수행하며 사회복지사, 수련생 및 실습생에 대한 평가는 저들과 공유해야 한다.
   3) 사회복지사는 수퍼바이저의 전문적 지도와 조언을 존중해야 하며 수퍼바이저는 사회복지사의 전문적 업무수행을 도와야 한다.
   4) 수퍼바이저는 사회복지사, 수련생 및 실습생에 대해 인격적 · 성적으로 수치심을 주는 행위를 해서는 안 된다.

Ⅳ. 사회복지사의 사회에 대한 윤리기준

1. 사회복지사는 인권존중과 인간평등을 위해 헌신해야 하며, 사회적 약자를 옹호하고 대변하는 일을 주도해야 한다.
2. 사회복지사는 필요한 사회서비스를 개발하기 위한 사회정책의 수립 · 발전 · 입법 · 집행에 적극적으로 참여하고 지원해야 한다.
3. 사회복지사는 사회환경을 개선하고 사회정의를 증진하기 위한 사회정책의 수립 · 발전 · 입법 · 집행을 요구하고 옹호해야 한다.
4. 사회복지사는 자신이 일하는 지역사회의 문제를 이해하고, 그것을 해결하는 일에 적극

참여해야 한다.

Ⅴ. 사회복지사의 기관에 대한 윤리기준

1. 사회복지사는 기관의 정책과 사업 목표의 달성, 서비스의 효율성과 효과성의 증진을 위해노력함으로써 클라이언트에게 이익이 되도록 해야 한다.
2. 사회복지사는 기관의 부당한 정책이나 요구에 대하여 전문직의 가치와 지식을 근거로 이에 대응하고 즉시 사회복지윤리위원회에 보고해야 한다.
3. 사회복지사는 소속기관 활동에 적극 참여함으로써 기관의 성장·발전을 위해 노력해야 한다.

Ⅵ. 사회복지윤리위원회의 구성과 운영

1. 한국사회복지사협회는 사회복지윤리위원회를 구성하여 사회복지윤리실천의 질적 향상을 도모해야 한다.
2. 사회복지윤리위원회는 윤리강령을 위배하거나 침해하는 행위를 접수받아 공식적인 절차를 통해 대처해야 한다.
3. 사회복지사는 한국사회복지사협회의 윤리적 권고와 결정을 존중해야 한다.

출처: 한국사회복지사협회(2013a).

2) 행정적 지식 및 기술

이것은 사회복지사가 조직 내에서 생존하며 효과적인 서비스를 제공하는 데 도움이 되는 지식과 기술이다. 일반적으로 사회복지 서비스는 기관이나 조직을 단위로 실행되므로 대상 클라이언트에게 효율적인 서비스를 제공하기 위해서는 기관이나 조직의 행정적 지식과 기술을 습득하는 것이 필요하다. 현장실습을 통해 배울 수 있는 행정적 지식과 기술에는 ① 기관의 사명과 철학을 이해하는 것, ② 정보 전달 통로나 의사 전달 방법 등 기관의 구조를 파악하는 것, ③ 조직 내에서 기능적으로 일할 수 있는 방법을 학습하는 것, ④ 기록 방법 및 기록 관리를 학습하는 것 등이 있다.

3) 정책적 교육 내용

기관에 직접적인 영향을 주는 국가 및 지방정부의 사회복지정책 관련 내용, 기관이 서비스하는 지역의 경제적 · 정치적 · 사회적 · 문화적 구조 관련 지식, 지역사회의 사회복지 서비스 연계망인 서비스 전달 체계 관련 지식 등이 여기에 해당한다. 세분하면, ① 기관에 영향을 주는 사회복지정책의 이해, ② 지역사회에 관한 이해, ③ 지역사회 복지 서비스 전달 체계에 관한 이해 등이 해당한다.

4) 기본적 대인관계 기술

다른 사람들과 협력적으로 일하거나 다른 사람들의 협력을 확보하는 데 필요한 대인관계 기술을 말한다. 이것은 ① 대인관계 의사소통 기술과 ② 동료와의 관계 기술을 포함한다.

5) 클라이언트 체계에의 개입 기술

개인, 가족, 집단 등 클라이언트 체계에의 개입을 통해 문제해결 과정을 포괄적으로 다루는 일반적인 기술을 말한다. 여기에는 ① 인간행동의 다양성에 관한 지식의 적용을 비롯하여 ② 클라이언트와의 면접 기술, ③ 클라이언트 체계의 사정 기술, ④ 개입 계획 기술, ⑤ 개입 기술, ⑥ 평가 기술, ⑦ 종결 기술, ⑧ 집단 개입 기술, ⑨ 의뢰와 사례관리, ⑩ 옹호 활동 등이 포함된다.

[그림 1-1]은 이상의 내용을 축약한 Fortune Model이다.

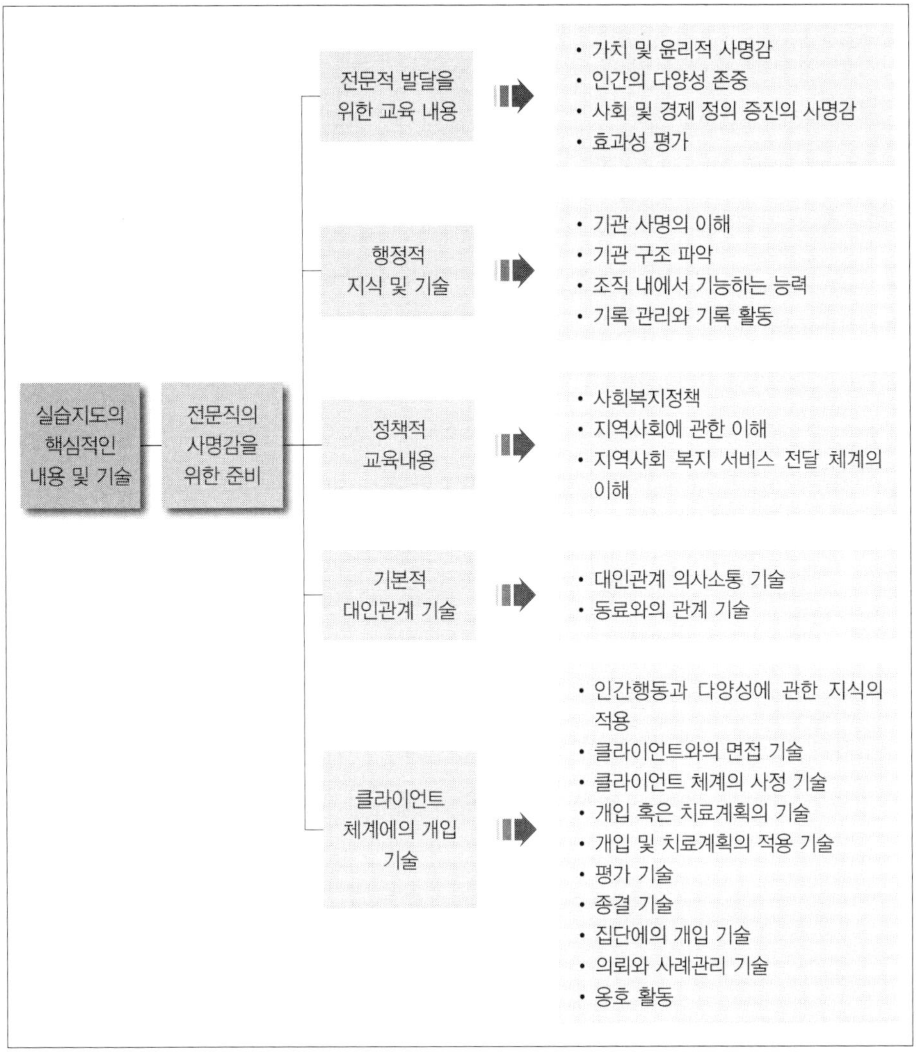

[그림 1-1] **사회복지현장실습지도의 핵심적 내용 및 기술 모델**

출처: 태화기독교사회복지관(2003), p. 45 재인용.

4. 사회복지현장실습의 교육 절차

사회복지현장실습 교육은 현장교육이 중심이지만 현장과 대학의 협조로 이루어지는 이원화 체계라 할 수 있다.

대학에서는 수강신청을 받으면서 실습에 필요한 선수과목 이수 여부 확인, 실습기관에 대한 정보제공, 실습기관 선정 및 실습오리엔테이션 등의 준비단계를 거쳐 해당 기관과의 공적인 절차를 통해 학생들을 현장실습지로 보내게 된다. 실습 중에는 담당교수가 실습지를 방문하여 실습의 진행을 점검하고 실습생들에게 발생할 수 있는 다양한 일에 대처하며, 실습지도자와도 필요한 사항을 협조한다. 실습 중이나 실습 후에는 강의실세미나를 통해 실습에 대한 피드백을 제공하고, 실습 경험을 학문적으로 이해하고 통합할 수 있도록 돕는다. 학점은 실습지에서 받은 평가를 중심으로 세미나 발표 등의 내용을 포함하여 확정한다.

현장에서는 실습생 선정과 실습지도 및 평가로 교육 절차를 대별할 수 있다. 보다 자세하게는 ① 실습생 모집 공고 → ② 실습생 선정 → ③ 실습생 수락 → ④ 실습 준비 및 오리엔테이션 → ⑤ 실습 진행 → ⑥ 평가의 순서로 진행된다.

〈표 1-4〉는 한국사회복지사협회에서 발표한 사회복지현장실습 진행 절차로, 실습기관과 교육기관의 실습 진행 과정을 보다 상세히 보여 주고 있으며 실습 시 필요한 각각의 서식 사용과 진행 사항을 예시하고 있다.

표 1-4 사회복지현장실습 진행 절차

서식 사용 및 진행 사항(부록 참고)	실습기관		교육기관	서식 사용 및 진행 사항(부록 참고)
[실습기관 1] [실습기관 2] [실습기관 3] 발송 및 홈페이지에 모집 공지	공지	→	실습 교육기관 공문 접수	
	↓		↓	
	서류접수	←	학생들에게 공지	
	↓			
• 실습생 선정 기준: 실습에 대한 태도, 전공과목 수강 정도, 자원봉사 경력 등 • 실습생 선정 방법: 실습기관 지원서 등의 서류 전형 및 면접 등	실습생 면접/선발		↓	
	↓			
	실습생 확정	→ ←	실습 의뢰 공문 발송	[교육기관 1] [교육기관 2] [교육기관 3] 서식 발송
	↓		↓	
[실습기관 4] 서식 발송	수락서 발송		실습 교육기관 확정	실습생 자세([교육기관 4]) 등 제반 사항 사전 교육
	↓		↓	
• 실습 초기에는 [실습생 1] [실습생 2]를 작성하고, 실습 내용에 따라 필요한 서식을 활용하여 진행	실습기관 실습지도	→ ←	교육기관 실습지도	대학 자체의 계획에 의해 진행 ※ 예시: 실습지도교수가 주당 3시간씩 실습세미나 진행
	↓		↓	
• 실습생: [실습생 25] 작성 • 실습기관: [실습기관 8]을 실습생에게 수여하고, [실습기관 7]을 교육기관에 발송	실습 종결/ 실습 평가서 발송	→	실습학점 부여	[실습기관 7]을 근거로 학점 부여

출처: 한국사회복지사협회(2010).

1) 실습생 모집 및 선정

실습기관의 실습지도자는 실습 내용과 일정 등을 포함한 실습 계획을 수립하여 대학에 실습생 모집 사항을 공문으로 발송하거나 사회복지 관련 홈페이지에 공지한다(〈표 1-5〉 참고).

2013년 8월부터는 한국사회복지사협회 홈페이지(www.welfare.net)로 실습생 모집 게시판의 단일화를 시도하고 있으므로 참고하는 것 역시 도움이 될 것이다.

표 1-5 실습기관 모집 공고 예시

○○대학교병원 사회사업팀 201○년도 하계실습생모집

1. 모집인원: 2명(사회복지학 전공 대학생)
2. 자격
   - 의료사회사업론 과목을 이수한 자 또는 관련 과목 이수자
   - 본원 실습 규정에 결격 사유가 없는 자
3. 모집기간: 201○년 6월 18일~6월 24일
4. 실습기간: 201○년 7월 15일~8월 9일
5. 제출서류: 자기소개서, 이력서, 성적증명서(사진 부착, 양식 자유, 자원봉사 및 사회활동 내역 기재)
6. 접수방법: 방문접수
7. 합격자 발표: 개별통보
8. 문의사항: ○○○ 사회복지사(○○○-○○○-○○○○)

출처: 대한의료사회복지사협회 홈페이지 공고문.

실습기관은 선정 기준을 정한 후 서류전형이나 실습생의 태도 및 자질 등을 파악할 수 있는 면접 등을 활용하여 실습생을 선정한다. 선정 기준에는 실습생 프로파일에 담긴 실습에 대한 태도, 실습 전 전공 이수과목의 이수 정도, 자원봉사 경력 등이 참고가 될 수 있으므로 분명하고 성의 있게 작성하는 것이 도움이 된다. 학교나 병원, 교정기관 등 2차 기관에서는 해당 기관과 관련된 교과목(학교사회복지, 정신보건사회복지, 의료사회복지, 교정복지 등)의 이수 및 자원봉사 경력을 추가로 요구하기도 하므로 이들 기관에서 실습을 원할 경우 미리 필요한 과목을 이수해 두어야 한다.

실습기관에서의 실습생 선정이 완료되면 학생은 학교 전공 사무실 실습 담당

조교에게 연락하여 학교에서 기관으로 '실습의뢰서'(부록 [교육기관 1] 참고)의 발송을 요청해야 한다. 이때는 학생의 '실습 신청 및 서약서'(〈표 1-6〉 참고)를 첨부하여 우편, 팩스, 이메일 등 실습기관에서 요청하는 방법에 따라 발송한다. 많은 학생이 이 과정을 잊어버리는 경우가 있는데, 반드시 공문을 통한 공식 절차를 밟아야 하며, 실습기관은 실습생이 소속된 교육기관에 '실습 신청의뢰서'(부록 [실습기관 1] 참고)를 발송하면서 '실습지도 계획서'(부록 [실습기관 2] 참고)와 '실습지도자 프로파일'(부록 [실습기관 3] 참고)을 첨부해야 한다.

2) 실습지도 및 평가

교육기관에서는 실습 신청의뢰서를 받은 후 실습생의 자세 등 제반 사항을 사전교육하여 실습기관으로 보내며, 이때부터 본격적으로 실습지도가 시작된다. 기관에서는 실습 행정 담당자의 주관으로 실습오리엔테이션을 하고, 실습지도자는 실습 계획에 따라 교육을 진행하며, 실습이 종결되면 실습 평가서를 작성하여 해당 교육기관에 역시 공문으로 발송한다. 교육기관은 실습기관의 평가를 참고하여 실습세미나의 평가를 추가한 후 실습 학점을 부여한다.

표 1-6 실습 신청 및 서약서 예시

사회복지현장실습 신청 및 서약서

(사 진)

성 명	○○○	성 별	여
주민등록번호	9○○○○○-*******	연 령	22세
주 소	○○시 ○○로 670 ○○○아파트 ○○동 ○○○호		
연 락 처	휴대전화: 010-****-**** 집: ***-***-****		
이 메 일	****@nate.com		
학 교 / 학 과	○○대학교 사회과학대학 사회복지학과 3학년		
실습지도교수	○○○	직 책	교수

상기 본인은 귀 기관의 사회복지현장실습에 참여하고자 실습을 신청하오며,

실습자로서 실습 활동 및 교육에 적극적으로 참여하고

실습기간 동안 귀 기관의 모든 제반 규칙에 따라 행동하며

동시에 규칙을 위반할 시 어떠한 제재에도 순응할 것을 서약합니다.

20○○년 ○월 ○일

신청 및 서약인 ○○○ **(인)**

○○기관 귀중

제2장

사회복지현장실습의 개요

1. 사회복지현장실습의 의의

사회복지는 순수이론학문이 아닌 응용과학이자 실천학문이기 때문에 사회복지현장실습은 학부 및 대학원의 사회복지 교과과정에서 가장 중요하게 간주하는 교과목이다. 사회복지현장실습은 현장경험(field experience), 실습 교육(field instruction), 현장실습(field practicum), 현장교육(field education) 등으로도 불리며, 우리나라 교육과정에서는 사회복지현장실습(social work field practicum)으로 쓰이고 있다.

사회복지 실천은 개개인이 생활에서 겪는 다양한 곤란의 해결 및 경감을 원조하는 활동을 말한다. 이러한 원조 활동에 필요한 가치 및 윤리, 다양한 이론은 강의실에서 배우더라도 인간, 문제, 환경과 이들의 관계를 평가하는 기술 그리고 대인 원조 기술이나 소집단을 활용한 기술, 조직화 기술 등 실천에 당장 필요한 기술은 강의를 통해 습득한 그 자체로서 실천에 적용하는 데 어려움이 따른다.

따라서 강의실에서 배운 제반 이론을 사회복지 실천 현장에 실제로 적용해 보는 직접적 기회가 필요하다. 이론과 기술을 효과적으로 사용할 수 있기 위해서는 다양한 현장에서 근무하고 있는 사회복지사들의 상황을 관찰하고 그 클라이언트 및 주변 환경과 직접 접촉하는 현장실습이 반드시 필요하다. 현장실습 교육은 이러한 기회를 통해 이론의 지식화와 자기 능력의 제고 및 개인적 성장의 경험을 가짐으로써 사회복지 실천가로서의 능력을 배양할 수 있다는 의의를 지닌다.

사회복지현장실습에서는 사회복지 실천 현장에 학생을 배치하여 일정 기간 실제로 클라이언트 체계(개인, 가족, 집단, 지역사회, 조직)의 문제를 해결하기 위해 미시적 · 중시적 · 거시적 수준에서 어떻게 일하고 어떻게 이를 통합해야 하는지 교육 · 훈련한다. 또한 학교에서 그 경험을 공유하며 피드백을 받고, 실습 담당 교수의 수퍼비전을 받는 실습세미나 수업을 병행한다. 이러한 과정에서 학생은 사회복지 현장에서 이루어지고 있는 서비스를 기획, 전달, 평가하는 과정에 참여하고, 자신의 업무 성과에 대한 실습기관 실습지도자 및 대학 실습지도 교수의 수퍼비전을 통해 사회복지사로서의 실질적 업무와 전문적 정체성을 인지하게 된다(한국사회복지교육협의회, 2013b).

사회복지현장실습은 사회복지학을 다른 유사학문과 차별화하며 사회복지의 응용과학적이고 실천적인 특성을 잘 반영하는 교과목으로, 「사회복지사업법」에서는 이것을 법정 필수이수과목으로 규정하고 있다. 현장실습에 관한 기준은 「사회복지사업법 시행규칙」 제3조에서 명시하고 있으며, 실습기관, 실습지도자, 실습시간에 관해서는 [별표1]로 별도규정을 하고 있다. 그 내용은 〈표 2-1〉과 같다.

표 2-1 **사회복지현장실습 기준(「사회복지사업법 시행규칙」 [별표1])**

- **실습기관:** 「사회복지사업법」 제2조 제1호에 따른 사회복지사업과 관련된 법인, 시설, 기관 및 단체로 한다.
- **실습지도자:** 사회복지사 1급 자격증을 소지한 자로서 3년 이상 실무 경력이 있는 자 또는 사회복지사 2급 자격증을 소지한 자로서 5년 이상 사회복지사업의 실무경험이 있는 자가 실습을 지도해야 한다.
- **실습시간:** 현장실습시간은 120시간 이상으로 한다.

실습생과 실습지도교수의 자격 요건은 법적 기준에 의한 것이 아니지만 사회복지교육협의회와 사회복지사협회에서 공동으로 마련한 기준을 적용할 것을 권장한다. 실습생의 경우 필요한 선수과목 이수를 전제 조건으로 하고 있으며, 실습지도교수의 경우 가능한 한 현장 실무경험이 풍부한 전임교수를 채용하여 실습지도를 담당하도록 권장하고 있다. 그 세부 내용은 〈표 2-2〉와 같다.

표 2-2 **실습생과 실습지도교수의 요건**

1. 실습생
   1) 교육기관에서 지정하는 실습 전 선수과목을 이수하되, 다음 과목을 중심으로 **4과목 이상 이수 권장**
      : 사회복지개론, 인간행동과 사회환경, 사회복지실천론, 사회복지실천기술론, 지역사회복지론, 사회복지정책, 사회복지윤리와 철학, 사회복지조사, 프로그램 개발과 평가 등
   2) 실습기관의 기준에 따라 다음 과목을 중심으로 **2과목 이상 이수 권장**
      : 노인복지론, 장애인복지론, 아동복지론, 청소년복지론, 가족복지론, 여성복지론, 학교사회복지론, 의료사회사업론, 정신보건사회복지론 등

2. 실습지도교수
   : 다음의 2개 기준을 모두 충족해야 함.
   1) 사회복지사 1급 자격증 소지자
   2) - ① 석사학위 소지자의 경우: 교육과정 중 최소 한 학기 이상 실습을 받은 경험이 있거나 사회복지기관에서 5년 이상 근무하면서 실습지도의 경험이 있는 자
      - ② 박사학위 소지자의 경우: 교육과정 중 최소 한 학기 이상 실습을 받은 경험이 있거나 사회복지기관에서 1년 이상 근무하면서 실습지도의 경험이 있는 자

출처: 한국사회복지교육협의회(2013).

현장실습은 실습생, 실습지도교수, 실습지도자 각각이 주체가 되어 하모니를 이루는 교육과정이다. 따라서 세 주체 각각에게 주어진 책무가 있다. '실습생'은 실습일지, 사례 기록, 과정 기록, 기관 분석 보고서 등 실습 활동과 관련된 다양한 과제물을 제출해야 하는 책임이 있고, 실습기관의 '실습지도자'는 실습생에게 제공된 업무를 지도하고 실습일지 기록 등을 검토하는 등 개별 수퍼비전을 제공

해야 하는 책임이 있다. 대학에서는 '실습지도교수'가 실습의 전 과정을 지도하기 위해 실습기관이나 실습지도자와 긴밀한 관계를 유지하고, 강의실 세미나를 통해 학생들이 실습 경험을 효과적으로 공유함으로써 경험의 폭을 확장할 수 있도록 이끌어 주어야 한다.

현장실습은 학생들에게는 사회복지 교육과정 중 가장 역동적이고 기억에 남는 경험으로, 사회복지에 대한 자신감과 적성을 경험할 수 있는 기회이자 사회복지 전문직에 대한 이상과 사회복지사로서의 전문직 정체성을 확립하는 기회이기도 하다. 또한 사회복지가 과연 자신이 나아가야 할 진정한 진로인지를 확인하며, 전문 사회복지의 문화, 규범 그리고 가치를 익힐 수 있는 유용한 기회가 되고 있다.

학생들이 실습 교육을 통해 경험하거나 기대할 수 있는 능력은 다음과 같다. 첫째, 개인, 집단, 지역사회와 관계하는 능력, 둘째, 욕구 및 문제를 사정하는 능력, 셋째, 이들에 대한 계획 수립 및 적절한 개입을 적용하는 능력, 그리고 마지막으로 옹호자, 중재자, 교육자, 임상가, 지역사회 계획가 및 조직가, 행정가 등 다양한 도움의 역할을 수행하는 능력이다. 물론 학생들이 이와 같은 전문적 역할 수행 능력을 한 단위의 실습기간에 온전히 습득할 수는 없겠지만, 기관에서 실습하는 동안 다른 전문사회복지사를 관찰하고 그들의 활동을 통해 어느 정도의 학습은 이룰 수 있는 기회를 가질 수 있다(김선희, 조휘일, 2000).

2. 사회복지현장실습의 목적

사회복지현장실습의 궁극적 목적은 학생들이 강의실에서 배운 사회복지 실천의 이론과 기술 및 윤리와 가치를 현장에 적용하고 통합하는 과정을 통해 사회복지사로서의 잠재성을 발견하며, 전문직으로서의 사명감과 실천 능력을 제고하는 기회를 갖도록 하는 데 있다.

사회복지현장실습의 주체는 앞에서 언급했듯이 실습생, 실습지도자(실습기관), 실습지도교수(대학)이며, 각 주체는 고유한 역할을 수행함에 있어 다음과 같은 목적을 가지고 있다.

1) 학생

(1) 학교에서 배운 이론과 기술을 실천 현장에 적용해 본다.
(2) 사회복지 실습 현장의 새로운 지식과 기술을 습득한다.
(3) 사회복지사로서의 적성을 확인하는 기회를 갖는다.
(4) 사회복지시설 및 기관의 기능과 운영에 대한 이해를 증진한다.

2) 대학

(1) 사회복지이론과 실천의 교량 역할을 한다.
(2) 학생들을 매개로 실무 현장과의 관계를 지속한다.
(3) 사회복지 교육의 효과성을 검증하는 기회로 활용한다.
(4) 실습세미나를 통해 정보를 교환함으로써 사회복지 실천에 대한 간접 경험을 극대화한다.

3) 사회복지기관

(1) 실습생을 훈련하는 과정을 통해 도전 및 발전의 계기를 확보할 수 있다.
(2) 클라이언트에게 서비스를 제공하는 기회를 넓히고 서비스 영역을 확장하는 데 기여한다.
(3) 사회복지 실천의 질적 수준을 향상시키고 사회복지 분야를 발전시키는 매개가 된다.
(4) 학생들을 매개로 교육기관과의 관계를 지속한다.

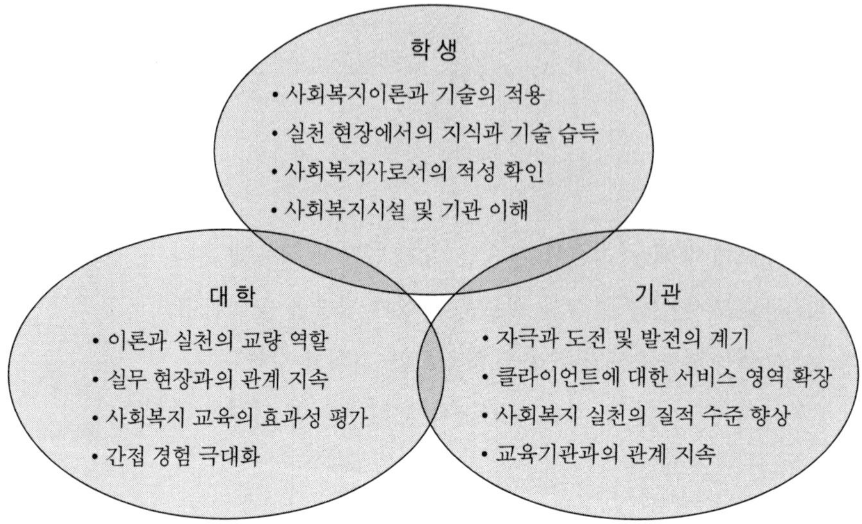

[그림 2-1] **실습 주체별 목적**

3. 사회복지현장실습의 유형

현장실습은 기간에 따라 학기 중 실습과 방학 중 실습으로 구분하여 학생의 형편과 사정에 맞춰 진행할 수 있다. 또한 실습 현장으로 인정되는 곳은 「사회복지사업법」 제2조 제1항에 따른 사회복지사업 관련 법인, 시설, 기관 및 단체로 규정되어 있으나 해외실습에 대해서도 인정할 수 있는 예외 사항은 존재한다. 극히 드물긴 하지만 동법 제2조 제1항에 해당하는 시설이나 단체가 직장인 경우 실습 현장으로 인정해 주는 요건이 있기도 하다. 여기서는 이를 각각 기간 유형과 현장 유형으로 명명해 설명하고자 한다.

1) 기간 유형

학기 중 실습(concurrent placement)과 방학 중 실습(block placement)으로 나눌

수 있으며, 각기 장단점이 있기 때문에 선택에 신중할 필요가 있다.

(1) 학기 중 실습

학기 중 실습이란 주당 1일 8시간씩 15주를 실습기관에 출석하여 최소 120시간 이상(중간 및 기말 시험 기간 포함) 실습을 시행하는 것을 말한다.

이러한 학기 중 실습의 장점은 무엇보다 학생들이 학교에 출석하면서 동시에 실습기관에도 출석하기 때문에 학교와 현장 간의 소통이 원활할 수 있다는 데 있다. 즉, 현장에서의 경험을 수업 중에 토론하면서 즉시 피드백 받을 수 있고, 실습 중에 생긴 의문에 대한 답도 즉각 구할 수 있다는 것이다. 학기 중 실습은 모든 실습기관이 학교와 통학 가능 거리 내에 있는 상태이므로 필요하면 학생, 교수, 실습지도자가 수시로 만날 수 있어 역동적인 학습이 가능하며, 학생들끼리도 각기 다른 현장에서의 경험을 공식적 · 비공식적으로 나누거나 비교할 수 있다.

한편, 학기 중 실습의 단점은 주 1회 같은 요일에 실습이 이루어지므로 전반적인 업무를 경험할 수 없다는 점이다. 기관들은 대체로 요일 단위의 주간 프로그램으로 운영되기 때문이다. 또 학기 중에 행정적인 일 혹은 축제 등 학과의 공식 행사가 있거나 중간 및 기말 시험 등이 있는 주간에는 학생들의 실습 집중도가 떨어지고 심지어는 결석을 해야 하는 일이 생기기도 하므로 의무적인 실습 시간을 채우기에 어려움이 있을 수 있다. 특히 과제나 발표, 시험 등 다른 수업에 대한 부담이 있거나 집중해야 할 때는 실습에 느슨해질 수도 있다. 게다가 일주일에 한 번씩 만나는 실습지도자 혹은 클라이언트와의 관계 형성이 어려워지거나 관계 형성에 너무 긴 기간이 필요할 수도 있다.

(2) 방학 중 실습

방학 중 실습이란 1일 8시간씩 주 5일간 3주 이상 실습기관에 출석하여 최소 120시간 이상 실습을 시행하는 것을 말한다.

방학 중 실습의 장점은 무엇보다 집중된 시간에 실습을 진행하므로 다른 수업의 방해를 받지 않아 학생들의 실습 강도를 높일 수 있다는 데 있다. 또한 실습을 하고 싶은 기관이 학교에서 멀리 떨어진 곳이라 할지라도 전국 어디든 학생이 원하는 기관에서의 실습이 가능하다. 따라서 보다 전문적인 실습 프로그램이 부족한 지방의 학생들은 그 지역을 벗어나 서울이나 다른 대도시 등에서 자유롭게 실습기관을 택할 수 있다. 국외 실습의 경우도 방학 중이라면 가능하다.

반면, 방학 중 실습의 단점으로는 학생들이 지역을 벗어나 다양한 실습기관을 택하는 경우 지도교수가 실습기관을 방문하는 데 필요한 시간과 비용이 많이 들어 실습지도자와 지도교수의 만남이 생략될 소지가 많다는 것이다. 학생과 교수 간에도 필요할 때 수시로 만날 수 없어 면대면 수퍼비전에 어려움이 있고, 실습 중에 생기는 의문이나 문제를 해결하는 데 즉시적이지 않다는 점 역시 단점이라고 할 수 있다. 또한 실습의 시작 날짜와 끝나는 날짜가 일정하지 않아 학교 측에서 보면 방학 기간 내내 실습이 진행되고 있는 것이어서 업무 집중도가 떨어지고 시간 활용이 용이하지 않다는 단점도 있다. 실습에 대한 피드백도 필요할 때 유용하게 받기가 어려울 수 있다.

실습 유형의 선택은 일차적으로 학생의 개인 사정이나 여건에 의해 결정되지만, 학기 중 실습이나 방학 중 실습 모두 장단점이 있고, 실습기관의 특성상 실습지도가 효과적으로 이루어지는 시기가 다를 수 있으므로 학생들은 신중하게 선택해야 한다. 예를 들어, 학교사회복지현장실습은 초 · 중 · 고등학교 학생들도 방학이 있기 때문에 방학 중 실습이 불가능하며, 필히 학기 중 실습으로 진행해야 한다. 입원환자를 대상으로 하는 의료사회복지나 정신의료사회복지의 경우는 학기 중 실습으로 진행할 경우 클라이언트를 실습기간 중 일주일에 한 번씩 총 두서너 번 정도밖에 만날 수 없어 라포 성립 단계에서 환자가 퇴원하게 됨으로써 당황하는 경우가 종종 있을 수 있으므로 집중적인 방학 기간이 유용할 수 있다.

우리나라에서 현장실습 과목을 이수할 때는 재학 기간에 한 학기 3학점 이수가 필수다. 4년 동안 120시간의 현장경험으로 실습 수업이 완성되는 것이다. 따라서 다른 교과목에 비해 강도 높은 수업이라고 할 수 있다.

더불어 현재는 많은 대학이 실습 교육의 중요성을 강조하면서 학생들의 현장

경험과 이해를 높이기 위해, 그리고 진로 탐색 차원에서 두 학기 이상의 실습을 권장하고 있는데 이는 바람직하다고 할 수 있다. 이때 두 학기의 실습을 할 경우에는 학기 중 실습과 방학 중 실습을 한 번씩 경험하는 것이 좋을 것이다.

Tip

- 생활시설에서 실습할 경우는 숙박을 하더라도 1일 8시간으로 인정하여 최소 15일 이상 실습해야 한다.
- 실습기관 및 실습생의 상황에 따라 공휴일, 주말 등을 이용하여 실습이 가능하나 총 120시간은 채워야 한다.

2) 현장 유형

실습 현장은 기본적으로 국내의 사회복지기관이나 시설이지만 드문 경우 국외 실습을 희망하는 학생들도 있다. 또한 야간대학에 재학 중인 대학생이나 대학원생이 부득이하게 자신이 근무하고 있는 사회복지기관이나 시설에서의 실습을 원하는 경우도 있다. 따라서 현장을 중심으로 하는 실습 유형은 다음의 세 가지로 나누어 살펴볼 수 있다.

(1) 국내 실습

국내 실습은 「사회복지사업법」 제2조 제1항에 따른 사회복지사업과 관련된 법인, 시설, 기관 및 단체에서 하는 실습으로서 모든 학생은 기본적으로 이 유형에 해당한다.

다음에 해당할 경우 각 대학이 소재한 지역을 포함하여 전국 어디에서든 실습할 수 있는 것이 기본이다.

- 사회복지사업과 관련된 기관 및 단체
  - 사단법인, 재단법인: 관청의 허가를 받은 단체로 사회복지사업을 목적으

로 하는 비영리 단체(예: 사회복지공동모금회)
  - 공공기관: 지방자치단체, 중앙정부, 국회, 장애인고용촉진공단 등
- 사회복지 서비스를 제공하는 병원, 상담소, 학교, 교정기관, 조사 연구기관, 시민사회단체 등

(2) 국외 실습

국외(해외) 실습의 경우도 원칙적으로는 인정이 안 되지만 실습 I을 국내 기관에서 이수하고 실습 II로 신청하면서 다음의 요건을 모두 충족할 경우에는 학교에 따라 국외 실습을 인정하기도 한다.

- 실습 절차와 과정은 국내 실습과 동일하다.
- 실습기관에 사회복지사 자격을 갖춘 실습지도자가 있어야 한다.
- 실습기관으로부터 실습 내용(최소 120시간)에 대한 실습 평가서를 받아야 한다.

우리나라에서는 실습이 거의 한 학기로 한정되기 때문에 국외 실습을 인정하지 않는 경향이지만, 1장에서 언급했듯이 미국에서는 1980년 전후로 사회복지 교육과정에 다문화와 국제사회 복지를 포함해 오면서 학생들을 외국에 보내 다른 문화권에서 현장실습을 할 수 있게 하고 있다. 이는 세계화 시대에 학생들을 자기 문화권에만 국한하지 않고 세계를 향한 안목을 지닌 사회복지사로 준비시켜야 한다는 생각에 기초한 것이다.

참고로 2002년 기준 미국에서는 전체 21.1%의 학과에서 학생들을 외국에 보내 실습하는 것으로 나타났다(Panos, Pettys, Cox, & Jones-Hart, 2004; 오수경, 박병금, 최은희, 2012, p. 19에서 재인용).

(3) 직장 내 실습

직장 내 실습은 근무지 실습(work-study option)이라고도 하며, 법적으로 실습

기관으로 인정되는 사회복지기관이나 단체에 재직 중인 주경야독의 학부생 혹은 대학원생이 자신이 근무하고 있는 곳에서 실습 업무의 일부를 행할 수 있도록 편의를 도모해 주고 배려해 주는 특별한 제도다. 그들이 하고 있는 업무를 그대로 인정하는 것은 아니고, 직장 내 업무 중 특별한 업무를 선정해 실습지도교수와 상의하여 실습 목표를 세운 후 수퍼비전 받는 것을 원칙으로 한다. 더불어 다음의 사항을 준수할 경우에만 인정한다.

- 직장 내에서 「사회복지사업법」이 규정하고 있는 실습지도자를 지정한다.
- 직장 내 실습지도자에게 실습 내용에 대한 개별적인 지도를 받아야 한다.
- 소속대학 실습지도교수가 책임 지도하며, 별도의 실습 과제를 수행하도록 한다.
- 학생이 소속된 근무 부서 외에 다른 부서를 경험하도록 권장한다.
- 실습기관으로부터 실습 내용(최소 120시간)에 대한 평가서를 받아야 한다.

직장 내 실습의 단점은 자칫 학생의 학업 열의가 부족한 경우 형식적 실습이 되기 쉽고, 다른 학생과 형평성의 문제가 제기될 수 있다는 것이다. 또한 학습 내용이 한쪽으로 치우치거나 사회복지의 핵심에서 다소 벗어날 수 있는 한계성을 가지고 있기 때문에 사전에 철저한 실습 계획을 세우고 체계적인 수퍼비전을 받는 것이 반드시 필요하다(김선희, 조휘일, 2000).

제 2 부 사회복지현장실습의 단계

제3장 사회복지현장실습의 준비 단계

1. 사회복지현장실습의 선행 과정

실습은 지금까지 배운 지식이나 기술을 현장에서 확인하고 전문가로서의 자질을 향상시켜 가는 체험을 통한 학습의 기회다. 또한 자신의 부족한 부분을 발견하여 실습 후에 자기발전의 자료로 삼거나 분야별 적성을 파악할 수도 있는 등 다양한 효과를 가지고 있다. 따라서 실습에 임함에 있어 선행 과정을 숙지하고 진지하게 점검하는 것이 필요하다. 이것은 실습 선수과목 이수 여부 확인, 실습기관에 대한 정보 수집, 실습기관 선정 등의 순서로 진행된다([그림 3-1] 참고).

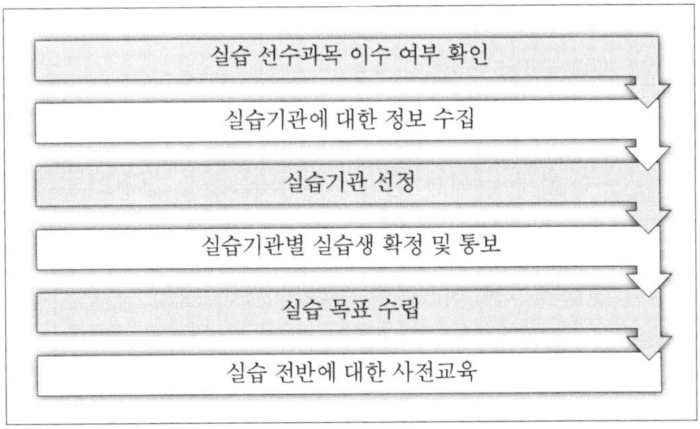

[그림 3-1] **사회복지현장실습 선행 과정**

1) 실습 선수과목 이수 여부 확인

실습은 배운 내용을 현장에서 직접 적용해 보는 데 의의가 있기 때문에 어느 정도 이수과목이 축적된 고학년에서 이루어지며(통상 3학년 2학기나 4학년 1학기), 실습에 앞서 이수해야 할 선수과목이 있다. 즉, 사회복지개론, 인간행동과 사회환경, 사회복지실천론, 사회복지실천기술론, 지역사회복지론, 사회복지정책, 사회복지윤리와 철학, 사회복지조사, 프로그램 개발과 평가에서 4과목 이상 이수를 권장하고, 실습기관에 따라서는 기초과목이나 필수과목이 아니더라도 이수를 요구하는 곳이 있다.

실습기관의 성격에 따라서는 노인복지론, 장애인복지론, 아동복지론, 청소년복지론, 가족복지론, 여성복지론, 학교사회복지론, 의료사회사업론, 정신보건사회복지론 등에서 2과목 이상 이수를 요구하는 경우가 일반적이다. 특히 이차 기관이라고 하는 의료·교육·교정 분야에서는 그와 관련된 과목(의료사회복지, 정신의료사회복지, 학교사회복지 등)의 이수를 반드시 확인한다. 따라서 실습 과목 신청에 앞서 사회복지 기초 과목 및 관심 분야 관련 교과목을 이수했는지 점검해야 한다.

특히 전과했거나 편입한 학생, 다전공 학생은 일반적인 학습 과정을 따르지 못하는 경우가 있어 실습으로 인해 졸업이 한두 학기 늦어지는 경우도 발생할 수 있으므로 특별한 관심이 필요하다.

2) 실습기관에 대한 정보 수집

실습기관에 대한 탐색과 이해는 실습 교과목을 수강 신청하기 전에 반드시 선행되어야 하는 요소다. 따라서 학생은 각 교과목 시간이나 자원봉사 등을 통해 어느 정도 분야별 현장을 이해하는 것이 좋다. 또한 대학 학과 사무실 혹은 실습 담당조교가 해당 지역을 중심으로 전국에 있는 실습기관의 일반적인 정보(실습기관 소개 파일)를 제공하고 있으므로, 이 정보를 바탕으로 우선순위를 정하여 실습기관 선정에 도움을 받도록 한다.

학생들이 실습기관의 정보를 수집하는 경로는 주로 선배, 동기, 자원봉사 경험, 전공 교수, 인터넷 등을 통해서일 것이다. 전 학기 혹은 전년도에 해당 기관에서 직접 실습한 선배에게 얻은 정보나 해당 전공 교수에게 얻은 정보라면 신뢰할 수 있는 유용한 팁이 될 수 있을 것이다. 하지만 출처 미상의 정보나 인터넷 등에서 회자되는 정보는 무분별하게 받아들이지 않도록 주의해야 한다. 가장 바람직한 정보 수집 태도는 해당 기관 홈페이지에 게재되어 있는 다양한 정보(설립 법인, 운영 목적, 조직도, 각종 사업 내용 등)를 먼저 꼼꼼히 숙지한 후 이 기관에서 실습한 선배나 전공 교수에게 자문을 얻는 것이다. 또 학교에 따라서는 현장실습 발표회, 실습기관 박람회 등을 개최하기도 하므로 학생들은 적극 참여하여 정보를 수집하는 자세를 지니는 것이 필요하다.

실습기관을 선택할 때 가장 하기 쉬운 실수로는 다음의 두 가지가 있다. 첫째, 집이 가깝다는 이유만으로 선택하는 경우, 둘째, 친구가 하는 곳에 무작정 신청하는 경우다. 특히 기관 면접에서 지원 동기로 무심코 이 두 가지를 말하는 학생이 있는데, 이런 태도는 실습기관 선택에 있어 신중하지 못한 인상을 줄 수 있다. 거의 1개월 정도 집중적으로 실습이 진행되므로 집에서의 거리 역시 중요한 요소가 될 수는 있겠지만, 관심 분야, 실습 업무, 실습지도자 등 다양한 요인을 고려하지 않고 물리적 거리만을 유일한 잣대로 삼는 오류는 범하지 말아야 할 것이다.

3) 실습기관 선정

학교에서는 학생이 제출한 '실습신청서'(부록 [교육기관 2] 참고)의 우선순위에 따라 실습기관을 결정하고, 확정된 실습기관을 학생에게 통보한다. 실습기관에 비해 실습생 수가 많아지고 있기 때문에, 또한 실습기관은 기관의 여건이나 사정을 고려해 실습생을 한정해서 받기 때문에 학생이 원하는 실습기관을 선택할 수 없는 경우도 있다. 따라서 학생은 자신이 원하는 기관의 우선순위를 정하여 신청하도록 해야 한다. 이때 신청에 앞서 기관과 접촉한 후 그 기관의 실습 교육 규정(실습 시간, 실습비, 인원수 제한, 기자재 사용 규정 등)을 고려하여 최종 확정하도록 한다.

실습기관은 선정 기준을 정하여 서류전형이나 면접 등을 활용해 실습생을 선정한다. 실습생 선정 기준은 실습생의 태도 및 자질, 실습에 대한 기대, 실습 전 전공 이수과목, 자원봉사 경력 등을 활용할 수 있다.

실습기관 선정과 관련하여 학생들이 많이 물어보는 질문 중 하나가 "몇 개 기관에 실습을 신청해야 하나요?"이다. 한 곳에만 신청하려니 혹시 떨어져서 이번 학기 또는 방학에 실습을 못하게 될까 봐 불안한 마음이 큰 것이다. 그렇다고 여러 개의 기관에 신청했다가 동시에 선발되면 거절하는 것도 쉽지 않다. 두 가지 상황 모두 충분히 이해할 수 있다. 현실적으로 안정권 한 곳과 꼭 실습하고 싶으나 경쟁이 치열할 것으로 예상되는 상위권의 한두 곳 등 총 세 군데 정도의 기관에 지원할 것을 권한다. 이때 서류 접수나 면접 과정 등을 통해 가장 먼저 합격 통지가 오는 곳에 기쁘고 감사한 마음으로 실습을 나가는 것이 바람직하다.

하지만 복수의 기관에 동시 합격했을 때 한 기관에는 일방적으로 아무 연락도 하지 않고 실습을 나가지 않는 학생이 있다. 이 경우 학생은 당황하여, 또 어떻게 해야 할지 몰라서 차일피일 연락을 미루다가 기관의 전화를 받게 되면 이를 수습하는 과정에서 불편한 상황이 생길 수 있다. 더 안 좋은 경우에는 기관에서 실습 첫날 학생이 출근하지 않는다고 학과 사무실로 연락을 하는 일도 발생한다. 이런 일이 발생할 경우 학생 개인에 대한 평판은 물론이고 학교에까지 부정적인 영향을 주어 다음 해 후배들의 실습이 제한되는 불이익이 있을 수도 있다. 합격 통지 후 실습을 나가지 못하게 되는 상황이 불가피하게 발생한다면 정중하고 예의 바르게 기관에 미리 사정을 잘 설명하여 양해를 구해야 한다. 이 과정에서는 실습지도교수와 상의하는 것이 좋다.

실습 신청 서류로는 보통 '실습신청서' '실습생 프로파일'이 있는데(부록 [교육기관 2], [교육기관 3] 참고), 기관에 따라서는 기관 고유 양식을 사용하기도 하므로 확인 후 작성한다. 기관 고유 양식이 있다면 항상 해당 양식을 우선 사용해야 한다. 실습생 프로파일의 경우 짧은 시간 내에 작성하기 어려운 항목이 많고, 글쓰기 요령도 필요하므로 저학년 때부터 자기소개서 작성 연습 등을 통해 준비하는 것이 좋다.

4) 실습기관별 실습생 확정 및 통보

대학의 실습지도교수는 기관별로 학기당 실습생 수를 확정하여 실습기관에 학생 명단을 알려 줌으로써 실습 과정에 필요한 협조를 구한 후 실습 수강 준비를 완료한다. 실습기관에서 실습생 선정이 완료되면 학교에서는 실습기관에 '사회복지현장실습 의뢰서'를 공문으로 발송하고, 실습기관은 선정된 실습생이 소속된 교육기관에 '사회복지현장실습 의뢰 수락서'를 공문으로 발송한다.

일반적으로 실습 확정 여부는 기관에서 학생 개인에게 연락을 준다. 그러면 학생은 바로 학과 사무실 실습 담당조교에게 연락하여 실습기관에 실습 의뢰 공문을 발송해 줄 것을 요청한다(부록 [교육기관 1] 참고). 이때 실습 담당조교는 실습기관에서 원하는 발송 방법을 문의한 후 우편, 팩스, 이메일 등을 활용한다. 많은 학생이 실습이 확정된 후 이 과정을 잊어버리는 경우가 있는데, 공문을 통한 공식 절차를 밟아야 실습이 공식화되는 것이다.

5) 실습 목표 수립

실습 목표는 실습기관이 확정된 후 기관의 실습지도자와 함께 논의하여 최종 결정하는 것이 좋다. 하지만 실습 전 자신이 실습기관에서 무엇을 배우고자 하는지, 어떤 기대를 충족하고자 하는지 등을 미리 진지하게 생각하여 실습 목적을 개략화하는 선행 작업이 필요하다. 그다음에는 실습기관의 실습지도자에게 자신이 세운 목표가 가능한지를 점검받고 수정하면서 결정해 나간다. 실습 목표는 실습의 필수 내용과 희망하는 내용을 고려하고, 실습기관의 상황과 특성이 반영된 내용을 중심으로 실습을 통해 배우고 싶은 것을 명확히 표현·기술하도록 한다.

실습 목표를 추상적으로 정하거나 단순하게 한 가지로 압축하여 정하면 모처럼의 기회를 제대로 활용하지 못할 수 있다. 실습 목표는 가능한 한 구체적으로 설정하는 것이 좋고, 특별히 해당 기관을 통해 배울 수 있는 것으로 한정하는 것이 좋다. 예를 들어, '기관을 이해한다' '클라이언트를 이해한다'는 식의 목표는 막연하고 추상적인 주제다. 실습생으로서 처음 경험하는 기관에서의 실습은 기관에 적응하는 것, 그리고 클라이언트와 관계를 맺거나 교류하는 방법을 터득하는 것이 가장 선결되어야 하는 과제라고 할 수 있다. 또한 기관의 특성을 고려해 달성 가능한 목표를 구체적이고 명확한 내용으로 정하는 것이 좋다. 책을 통해서도 충분히 알 수 있는 목표나 해당 기관과 관계없는 목표를 설정하는 것은 바람직하지 않다. 실습을 종료할 때까지 목표가 달성되지 않았다면 그 이유를 잘 생각해 보아야 할 것이다.

6) 실습 전반에 대한 사전교육

현장실습은 실습생, 실습기관, 학교의 세 주체가 적극 협력하여야 실습생의 학습 경험을 극대화할 수 있다. 특히 학교는 사회복지현장실습 교과과정을 개설·운영하는 주체로서, 실습 과목을 수강하는 학생들은 학교의 실습 전반에 대한 사전교육(실습 오리엔테이션)을 통해 실습을 시작하게 된다. 보통 여름방학 실습을 기준으로 할 때 사회복지기관의 실습생 모집 공고가 5월경부터 나오기 시작하므로 학생들은 실습 오리엔테이션 이전에 선행 과정을 확인해 놓고 정해진 실습지에 대한 제반 사항을 숙지해야 한다.

실습 오리엔테이션의 주요 내용은 실습생의 준비 상태 점검, 실습기관의 정보수집 및 접촉 방법 탐색, 주의사항 파악, 실습 교과목 수강신청, 학교 실습세미나 안내 등으로 이루어진다.

2. 실습 전 자기 점검

1) 사회복지현장실습 준비 목록

실습의 선행 과정과 더불어 실습 전 자기 점검이 필요하다. 먼저 현장실습의 다양한 기준을 점검하면서 실습 전 이수과목이 충족되었는지, 자신의 상황을 고려할 때 학기 중 실습을 할 것인지 방학 중 실습을 할 것인지, 그리고 실습기관 선택을 위해 어떤 준비가 필요한지 등을 점검해야 한다. 또 실습을 해 나가면서 실습지도교수와 반드시 의논해야 할 사항이 무엇인지, 실습기관을 사전 방문할 때 반드시 확인해야 할 사항은 무엇인지, 면접할 때 주의해야 할 것은 무엇인지 등을 목록화하여 점검하면 실수가 없을 것이다. 또한 실습 현장에서의 기본 에티켓이나 실습 평가 항목 등도 미리 점검하면 실습을 원활하고 자신 있게 할 수 있다. 〈표 3-1〉은 현장실습 전 자기 점검 준비 목록의 예시를 보여 준다. 학생들은 필요에 따라 가감해서 목록을 만들고 '나는 준비가 되었는가?'라는 자문을 통해 자기평가를 철저히 할 필요가 있다.

표 3-1 현장실습 전 자기 점검 준비 목록

내 용	지 침	자기평가
사회복지 현장	① 「사회복지사업법」 제2조 제1항에 따른 법인/시설, 기관 및 단체 인정 ② 방학 중(1일 8시간씩 주5일 이상) 또는 학기 중(15주) 총 120시간 이상 ③ 생활시설의 경우 3주(1일 8시간씩 총 120시간 이상) 인정(협회 내용 근거) ④ 실습 전 이수과목 확인: 편입 학생이나 다전공생은 특히 주의! ⑤ 수강신청 시 반드시 현장실습 학과목 신청 ⑥ 실습 과목 평가: 지도교수와 실습지도자 평가 근거(평가서 참고)	나는 준비가 되었는가?
실습기관 선택	① 상시 공고 확인 – 관심 영역, 자원봉사 경험, 진로, 교통편 등 다양한 부분 고려 – 학과 과사무실에 비치된 실습일지 참고 ② 신청 – 실습신청서 및 실습생 프로파일 제출 ③ 연락 및 면접 – 웹페이지 이용: welfare.net, cafe.daum.net/socialwelfare – 가능한 한 세 기관 이상의 목록을 작성한 후 자신이 직접 연락 – 담당 실습지도자의 법적 자격 확인 ④ 실습기관 선택 확정 – 실습지도교수나 실습 담당조교에게 알릴 것!	나는 준비가 되었는가?
담당 교수와 반드시 의논해야 하는 사항	① 인터뷰 전후 및 선정 후 실습기관 포기 ② 실습 중도 포기 및 실습 중 생기는 문제 ③ 의사소통 및 윤리적 쟁점(예: 클라이언트 비밀보장 범위, 성희롱 문제) ④ 실습 전후 휴학해야 하는 경우(실습 인정 여부 등)	나는 준비가 되었는가?
면접 준비: '나는'	① 문제의 핵심을 정확히 이해하는가? ② 대안을 제시할 능력이 있는가? ③ 솔직하면서 자신의 장점을 최대한 부각시킬 수 있는가? ④ 논리적인 답변을 제시하는가? ⑤ 순발력이 있는가? ⑥ 충분한 설득력이 있는가? ⑦ 자신감 있고 확신 있는 목소리인가? ⑧ 시선은 면접관의 눈을 자연스럽게 응시하는가? ⑨ 상대방에 대한 경청 자세가 좋은가? ⑩ 전체적으로 안정감 있는 자세인가? (다리를 떨고 있나? 손톱을 물어뜯나?) ⑪ 복장은 단정한가?	나는 준비가 되었는가?

(계속)

내 용	지 침	자기평가
사전방문 시 확인 사항	① 실습 시의 복장 관계 ② 실습 시의 식사 관계(도시락 지참 여부, 기관에서의 급식 및 비용 지불 여부 등) ③ 실습에 소요되는 비용 관계(실습지도비 등 식사비 이외에 준비해야 할 비용) ④ 숙박 실습의 경우 숙박 기간 및 숙박에 필요한 준비물 확인 ⑤ 제출서류(건강진단서 등 기관에서 요구하는 서류 확인) ⑥ 실습 당일의 집합 장소와 시간	나는 준비가 되었는가?
실습 현장에서의 기본 에티켓	① 실습기관에 정성과 신의를 다하고 매사에 시간 · 약속을 엄수함(10분 전 출근). ② 항상 배우는 자세로 공손한 언어 사용, 겸손한 태도를 취함, 공손하게 질문함. ③ 기관 내 휴대전화 사용 절대 제한 ④ 기관 직원 및 클라이언트를 존중하고 이해하며 공감대를 형성함. ⑤ 실습생들 간에 서로 존중하고 이해하며 공감대를 형성함. ⑥ 적극적이며 신속하고 확실한 업무 수행 ⑦ 결근, 조퇴, 지각 등 근태 관련 사항 반드시 사전 보고하고 허락받음. ⑧ 실습 내용(클라이언트 관련) 비밀보장 등(사회복지사 윤리강령 참고) ⑨ 기관 실습지도자 및 담당 지도교수의 과제를 성실하게 기한 내에 제출함 ⑩ 용모 단정: 하계 실습 중 긴 바지, 무릎 길이 치마 · 바지, 점잖은 신발 착용 * 반바지, 미니스커트, 슬리퍼, 단정하지 않은 머리, 과도한 화장 및 액세서리 착용 금지 * 심하게 붙는 의상, 망사스타킹, 맨발, 과도한 노출, 트레이닝복 착용 금지 * 항상 깨끗한 의복 착용 및 청결 상태(머리, 손톱 등) 유지, 모자 착용 금지	나는 준비가 되었는가?
실습 평가 내용	① 실습지도에 대한 태도 ⑥ 개인에 대한 개입 ② 기관 이해 및 관계 유지 ⑦ 집단에 대한 개입 ③ 기본적 태도와 자질 ⑧ 지역사회에 대한 개입 ④ 기록 ⑨ 정책 및 행정 분야 ⑤ 전문적 태도와 관계 형성 ⑩ 기타 기관 고유 항목	나는 준비가 되었는가?

출처: 청주대학교 사회복지학과(2013).

2) 면접 준비

면접(interview)이란 같은 목적하에 사람과 사람이 대면하여 의사 및 감정을 전달하고 지식 및 정보를 교환하며, 문제 규명 및 해결을 하는 것이다. 면접의 주요 요소는 면접자와 피면접자가 이야기할 공통의 기반과 면접 목적 · 주제 · 문제, 면접 장소, 기간, 전달 도구로서의 언어 등이다. 면접은 어떤 객관적 조건에서 행하더라도 면접자의 특성에 의한 왜곡된 결과를 초래할 수 있다. 이것을 면접자의 바이어스(bias)라고 부른다. 이 바이어스를 최소화하기 위해서는 준비된 면접이 필요하다.

면접은 제한된 시간 안에 주어진 질문에 대한 적절한 답변으로 자신을 최대한 표현하는 일련의 자기 홍보 과정이다. 따라서 면접장에 들어서는 순간부터 나오는 순간까지 최선을 다해야 한다. 첫인상은 첫 만남 후 10초 안에 대부분 결정되며, 외모, 복장, 몸짓, 말투, 어조 모두를 한꺼번에 평가한다고 보아도 과언이 아니다. 그렇더라도 마지막 질문에 대한 답까지 잘 마무리해야만 성공적인 면접이 될 수 있다.

한편, 통화는 엄밀히 말하면 면접의 영역에 해당하는 것은 아니지만 실습생이 실습기관에 접촉할 때 가장 먼저 활용하는 것이 전화라는 점에서, 그리고 현실적으로 통화 시점부터 상대에 대한 호감과 비호감이 뚜렷이 구분되며 실습생으로서 선택의 당락이 결정된다는 점에서 영향력이 크기 때문에 여기서부터 신중을 기할 필요가 있다.

표 3-2 **면접 지침**

내용	지침
통화	① 먼저 인사를 한 후 자신의 이름과 소속, 용건 순으로 말한다. ('다' '요' '까' 형태로 끝맺음) 예 안녕하세요? 저는 ○○대학교 사회복지학과 3학년에 재학 중인 ○○○이라고 합니다. 현장실습과 관련하여 전화 드렸는데 혹시 통화 가능하십니까? **② 표준어 사용: 은어, 속어, 비어, 인터넷 용어 사용 금지** 예 헐? 왜요?(×) ㅎ규(×) 잉?(×) **③ 최대한 조곤조곤 안정된 목소리로 통화한다. (부적절한 어조나 의성어 사용 금지)** 예 아오……(×) 뜨어(×) **④ 따지거나 부적절한 적대적 말투 사용 금지** 예 이건 왜 안 돼요?(×) 왜요? 왜 그렇게 해요?(×) 선생님, 제가 이 상황에서 어떻게 하면 좋을까요?(○) **⑤ 상대방의 말을 끊지 말고 정중히 다 들은 후 질문 또는 답변한다.** **⑥ 잘 못 들었을 때는 공손하게 다시 한 번 확인한다.** 예 죄송합니다만, 다시 한 번 말씀해 주시겠습니까?(○) **⑦ 한 번에 한 가지씩만 질문한다. (이중질문 금지, 대화의 초점 명확히 할 것)** **⑧ 어눌한 말투 금지(발음 정확히)** **⑨ 대화의 종료를 명확히 한다. (문장을 계속 이어가는 말투 사용하지 말 것)** 예 근데 이거 잘……(×) **⑩ 전화를 끊을 때는 "오늘 시간 내 주셔서 대단히 감사합니다."로 끝맺는다.** **⑪ 반드시 상대방이 수화기를 내려놓은 신호를 확인한 후 끊는다.** **⑫ 호칭 사용을 정확히 한다. (첫 통화를 할 때는 성함과 직함을 반드시 메모해 놓을 것)** 예 "저기요"(×) "○○○ 부장님" "○○○ 팀장님" "○○○ 선생님"(○) **⑬ 항상 '내가' 대신 '제가', '우리' 대신 '저희'로 말한다.**
대면 면접	**① 면접 전에 기관의 사전 정보를 충분히 숙지한 후 방문한다.** **② 용모 단정: 두발, 의상, 신발, 화장 등을 단정하고 청결하게 한다.** 예 슬리퍼, 너무 높은 구두, 개량한복, 청바지, 반바지, 노출이 심한 옷, 원색이나 지나치게 화려한 색상의 옷 혹은 신발 등은 금지 **③ 인사는 정중하고 당당하게 한다.** 여성: 오른손으로 왼손을 감싸 아랫배 위에 가볍게 올리고 기본 45도로 인사 남성: 손은 자연스럽게 허벅지 바깥쪽 양옆으로 차렷 자세를 하고 기본 45도로 인사 **④ 상대방이 말할 때는 때때로 눈을 마주치며 (지그시 응시하며) 대화에 집중한다.**

(계속)

내용	지침
대면 면접	예 손 만지작거리기, 팔짱 끼기, 다리 꼬기, 턱 괴기, 다리 떨기, 펜 돌리기, 껌, 사탕을 먹거나 음료수 마시기, 머리카락을 만지작거리거나 꼬기, 대화 도중에 전화 받기, 비스듬히 서 있기 등 건방져 보이거나 주의 산만한 행동 절대 삼가(휴대전화는 반드시 무음으로 해 두기) ⑤ **최대한 안정적인 모습으로 교양 있고 자신감 있는 태도를 보인다.** ⑥ **인터뷰가 끝나면 정중히 그리고 천천히 상대방을 보고 인사한 후 신발을 끌지 말고 어깨를 편 자세로 뒤돌아 나온다.** ⑦ **휘적휘적 걷거나 인터뷰를 마치자마자 통화하며 기관을 나서는 등의 부적절한 행동은 금한다.** 인터뷰를 마치고 기관을 벗어나기까지 의식적으로 긴장하며 자신이 어떻게 비칠지 생각하면서 행동한다. 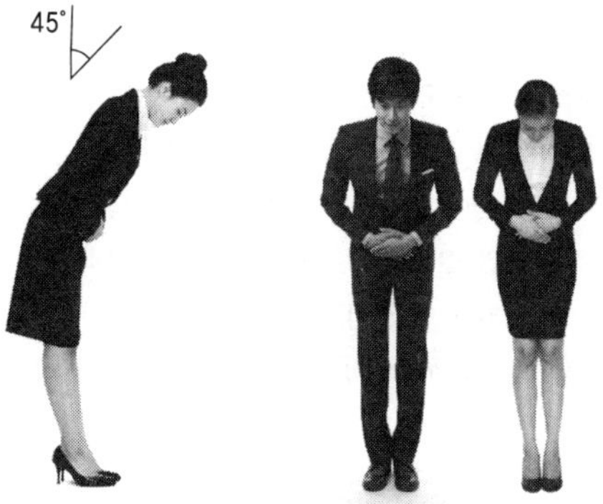

출처: 청주대학교 사회복지학과(2013).

3. 실습생의 자세

실습기관이 실습생에게 실습 기회를 제공하는 것은 보다 나은 사회복지 전문가를 양성하고자 하는 바람에서다. 사회복지 실습을 하는 시설이나 기관에서는 아직 배우는 단계에 있는 실습생에게 관대한 태도를 가지고 있는 것이 일반적이지만, 한편으로 실습기관의 직원은 바쁜 일상 업무 가운데 실습생을 지도하고 있다는 점을 명심하여 다음과 같은 자세를 갖추고 실습에 임하도록 한다.

1) 일반적 태도

① 기관 혹은 시설의 방침이나 일과 등은 가능한 한 빨리 익히고 시설의 생활환경이나 생활양식, 분위기 등에 빨리 적응할 수 있도록 노력한다.

② 사회복지사나 기타 관계 직원의 활동을 관찰하면서 편견이나 선입견을 갖지 않으면서 클라이언트와 접하고 배우는 자세를 갖는다.

③ 직원에게 겸손하고 솔직한 태도를 취한다. 실습 담당자뿐 아니라 기관 직원은 모두 실습지도자임을 기억한다.

④ 특정한 클라이언트와 개인적 관계를 갖거나 실습생이 개인적 편지를 보내는 것은 불필요한 오해를 일으킬 수 있으므로 주의해야 한다.

⑤ 자신의 의견이나 감정을 표현하는 것은 가능하나 그것이 상대방의 결함과 관계되는 것이거나 반발 혹은 저항의 인상을 주는 표현이어서는 안 된다.

⑥ 지도나 조언은 순수하게 받아들이고 의문점이나 확인하고 싶은 것은 가능한 한 그 자리에서 혹은 당일에 적극 질문하고 지도받는다. 질문은 겸허하게 하고 언어 사용은 신중하게 한다.

⑦ 지시받은 것에만 반응하는 수동적 자세에서 벗어나, 확인하면서 적극적으로 반응하여 지시를 불러일으킨다.

⑧ 실습을 통해 획득한 클라이언트나 그 가족의 정보 등 사생활 관련 사항

혹은 비밀은 유지에 주의해야 한다.

⑨ 언어 사용은 정중하고 겸손하면서도 상대방이 자신의 의도를 명확하게 인식하고 이해할 수 있도록 분명히 한다.

⑩ 언제나 명랑하고 부드러운 태도로 직원이나 클라이언트와 접하며, 실습생이 먼저 인사하고 민첩하게 행동한다.

⑪ 비품은 허가를 받고 손상하지 않도록 조심해서 사용해야 하며, 사용 후에는 꼭 결과를 보고한다. 또한 빌린 물품은 반드시 반환하고 직원의 확인을 받는다.

⑫ 휴식은 기관에서 정한 시간과 장소에서 취하며, 자신의 소재를 명확하게 해 둔다.

2) 복장

실습생의 복장이나 화장, 머리모양 등은 실습생의 인상을 결정짓는 중요한 대상인 동시에 예상 외로 실습기관의 비판 소재인 경우가 많다. 실습을 할 때는 학생다운 단정함과 청결하고 편안한 복장 등으로 실습에 임해야 한다.

① 실습 내용에 맞는 복장을 하는 것이 중요하다: 상담이나 행정 서비스를 주로 하는 기관의 경우는 간편한 정장 차림이 필요할 수 있으며, 생활시설의 경우는 활동하기 편안한 복장을 하는 것이 좋다. 따라서 활동적인 바지나 티셔츠 차림이 좋을 것이다. 이는 입소한 클라이언트를 상대할 경우 다양한 활동이 요구될 수 있으며, 목욕 서비스나 간단한 노력 봉사 같은 업무를 해야 할 수도 있기 때문이다.

② 화려한 복장이나 장신구는 피한다: 원색의 의상, 너무 화려한 반지나 목걸이, 귀걸이 등 불필요한 장신구는 착용하지 않도록 주의한다. 장애인이나 아동 등을 대상으로 한 보호 서비스에서 이러한 장신구가 그들에게 상처를 입힐 수 있으며, 활동에도 지장을 줄 수 있기 때문이다. 정신

의료시설에서는 특히 원색이나 화려한 색상, 간혹 흉기화될 수 있는 장신구나 소지품 등은 반드시 피해야 한다.

③ 단정하고 수수한 모습이 적당하다: 차림새는 단정히 하고 야외활동에 필요한 모자 등도 가능한 한 튀지 않는 수수한 것을 착용한다. 손톱은 짧게 자르고 두발 역시 단정히 하여 청결에 주의를 기울인다(한남대학교 사회복지학과, 2012 참고).

지금까지 살펴본 일반적 태도 이외에 한국사회복지사협회에서 제시하는 실습생의 자세는 〈표 3-3〉과 같다.

표 3-3 실습생의 자세

사회복지현장실습생의 자세

우리는 사회복지현장실습생으로서 사회복지사 윤리강령과 다음 사항을 준수한다.

1. 실습의 목적과 중요성을 충분히 이해하고 실습 계약 사항을 이행하기 위해 최선의 자세로 실습에 임한다.
2. 실습은 대학에서 학습한 이론을 구체적으로 적용하는 과정임을 인식하여 이에 최선을 다한다.
3. 실습 교육 기관의 구성원이라는 생각으로 다른 구성원과 협력하며 친화적인 태도를 취한다.
4. 기관의 정책을 이해하고 수용하며 실습 과정에서 준수하도록 한다.
5. 근무 시간은 기관의 규정에 준하며, 직원과 동일한 자세로 근무 시간에 임하도록 한다.
6. 실습 시작 최소 10분 전에 출근하여 업무에 관계된 사항을 사전에 준비하도록 한다.
7. 결근, 조퇴, 지각 등 근태와 관련된 사항은 반드시 실습지도자에게 사전에 보고하여 허락을 받도록 한다.
8. 실습지도자의 지시뿐 아니라 다른 직원들의 지도 역시 잘 이행하여 실습 효과를 최대화하도록 한다.
9. 직무에 강한 책임감과 열의를 가지고 적극적으로 임하며, 다른 사람들에게 책임을 전가하거나 태만하게 행동하지 않는다.

10. 실습을 통해 알게 된 클라이언트의 사적 정보를 교육 목적(대학 실습지도 등) 이외에는 절대 발설하지 말고, 교육 목적이라 하더라도 가명을 사용해 개인의 비밀이 침해되지 않도록 한다. 실습 종료 후 실습 관련 내용을 학회지 등에 게재하고자 할 때는 반드시 실습지도자와 상의하여 허락을 받아야 한다.
11. 실습지도자의 지도 혹은 다른 실습생의 실습을 견학 · 관찰할 경우 배우는 자세로 진지한 태도를 취한다.
12. 기관의 직원이나 클라이언트 등에게 예의를 지킨다.
13. 복장, 소지품은 실습기관의 특성과 상황에 맞게 취하되 가능한 한 화려한 것을 피하고 검소하며 단정한 것으로 착용한다.
14. 안전사고에 만반을 기하도록 하며 안전사고와 관련된 기관의 규정을 사전에 숙지하여 그에 준해 처리하도록 한다.
15. 실습일지를 비롯한 각종 실습 기록은 사실에 근거하여 정확하고 구체적으로 정리한 후 실습 시 실습지도자 및 실습지도교수의 강평을 받는다.
16. 과제를 연구하고 그 결과물에 대해 실습지도자의 강평을 받는다.
17. 실습 과정 중 어떤 경우라도 사례금 등의 금품을 절대 주거나 받지 않는다.
18. 과제물은 정해진 기일에 제출하고 출근 전에 작성을 마친다.
19. 기관의 명칭을 사적으로 활용하지 않으며 실습생의 신분을 지킨다.
20. 기관을 대표한다는 자세로 실습 교육 기관의 직원들과 동일한 업무 태도 및 자세를 취한다.

출처: 한국사회복지사협회(2013a).

제4장

사회복지현장실습의 진행 단계

1. 실습 진행 단계의 주요 과업

1) 현장실습과 실습세미나 진행

실습은 보통 4~6주 정도의 기간에 이루어지는 매우 집중적인 학습이다. 실습생은 출퇴근 등에서 직원과 동일한 일정에 따라 업무를 배울 뿐더러 많은 양의 실습 과제나 새로운 환경에의 적응으로 수반되는 스트레스에 신체적 · 심리적으로 힘들어한다. 따라서 실습이 시작되기 전에는 충분히 체력을 비축하는 것이 도움이 되므로 무리한 활동을 통해 피곤해지지 않도록 주의한다.

학교에서는 학생들에게 실습 업무와 관련된 정보나 지식을 제공하고, 특히 실습 중에 겪을 수 있는 어려움에 대한 수퍼비전을 주기 위해 실습세미나를 실시한다. 실습세미나는 실습 진행 기간에 이루어지는 것이 가장 좋다. 하지만 실습기관이 전국에 흩어져 있고 실습 일정이 각기 달라 정기적으로 실습세미나를 개최하는 것이 쉽지만은 않다. 이로 인해 학교에서는 방학 중 실습이 종료된 후 혹은 학기 중에 실습세미나를 진행하는 경우가 많은데, 이 경우 실습기간에 발생한 어려움에 대해서 바로 도움을 받기 어렵다는 제한점이 있다. 이러한 어려움을 보완할 수 있는 방법으로 온라인 실습 카페 등을 만들어 실습을 지도하는 방식을 제안한다(제7장 '사회복지현장실습세미나' 내용 참고).

실습기간에 실습지도교수는 직접 기관 방문을 통해 실습지도자를 만나고, 실습과 관련하여 제기될 수 있는 어려움 등을 함께 논의하는 자리를 갖는 것이 실습지도에 큰 도움이 될 것이다. 하지만 실습지도교수 한 명이 모든 실습기관을 방문하는 것은 불가능할 수 있으므로, 기관이 확정되면 바로 우편이나 이메일 등으로 감사카드 혹은 감사편지를 보낼 것을 제안한다. 즉, 실습지도교수가 감사카드나 편지를 통해 기관 및 실습지도자에게 감사의 마음을 전하고, 학교가 실습에 관심이 많으며 성공적인 실습을 위해 노력하고자 한다는 자세를 전하는 것이다. 이런 방법은 매일의 바쁜 업무 중에 실습지도를 맡게 되는 실습지도자를 지원하는 좋은 방안이 될 수 있을 것이다. 감사카드의 예시는 [그림 4-1]과 같다.

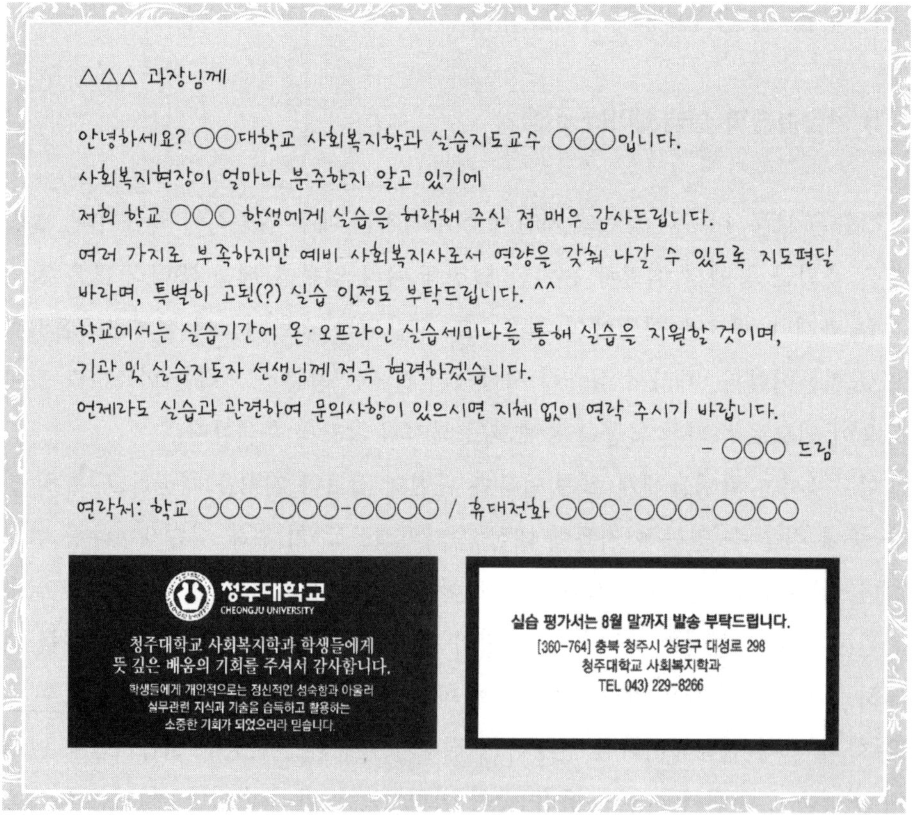
△△△ 과장님께

안녕하세요? ○○대학교 사회복지학과 실습지도교수 ○○○입니다.
사회복지현장이 얼마나 분주한지 알고 있기에
저희 학교 ○○○ 학생에게 실습을 허락해 주신 점 매우 감사드립니다.
여러 가지로 부족하지만 예비 사회복지사로서 역량을 갖춰 나갈 수 있도록 지도편달 바라며, 특별히 고된(?) 실습 일정도 부탁드립니다. ^^
학교에서는 실습기간에 온·오프라인 실습세미나를 통해 실습을 지원할 것이며,
기관 및 실습지도자 선생님께 적극 협력하겠습니다.
언제라도 실습과 관련하여 문의사항이 있으시면 지체 없이 연락 주시기 바랍니다.

- ○○○ 드림

연락처: 학교 ○○○-○○○-○○○○ / 휴대전화 ○○○-○○○-○○○○

청주대학교
CHEONGJU UNIVERSITY
청주대학교 사회복지학과 학생들에게
뜻 깊은 배움의 기회를 주셔서 감사합니다.
학생들에게 개인적으로는 정신적인 성숙함과 아울러
실무관련 지식과 기술을 습득하고 활용하는
소중한 기회가 되었으리라 믿습니다.

실습 평가서는 8월 말까지 발송 부탁드립니다.
[360-764] 충북 청주시 상당구 대성로 298
청주대학교 사회복지학과
TEL 043) 229-8266

[그림 4-1] **실습 감사카드 예시**

2) 실습계약서 및 서약서의 작성

작성 Tip

- **정확한 정보를 기입한다.** 기관 명칭, 실습기간, 실습지도자 및 실습지도교수의 성명 등을 정확하게 기입해야 하며, 확실히 결정되지 않았다면 이름 옆에 괄호를 넣어 미정이라고 쓴다. 호칭은 실습지도자의 경우 직책명(예: 부장님, 과장님, 팀장님 등)을 쓰고, 지도교수는 교수님이라고 쓴다.

- **결석에 대한 조치에는 구체적인 조치 사항을 쓴다.** 실습기간에는 지각이나 결석이 절대 발생하지 않아야 한다. 하지만 실습생은 집중적인 실습 일정을 소화하면서 신체적 · 정신적으로 지치기 쉽고, 수면 부족으로 피로가 누적되어 갑자기 아픈 경우가 발생할 수 있다. 따라서 질병이나 가족 성원의 갑작스러운 사고 등 부득이한 경우 '사전에' 기관에 알리고 양해를 구하는 것이 최선이다. 만약 결석 등으로 인해 실습 계약 기간을 모두 이수하지 못할 경우 실습기간을 연장해야 한다.

- **실습계약서는 실습생이 먼저 작성한 후 실습지도자와 지도교수에게 작성을 요청한다.** 실습계약서에서 실습생, 실습지도자, 실습지도교수의 의무와 책임에 대한 부분은 먼저 실습생이 작성한 후 실습지도자 및 지도교수에게 작성을 부탁드린다. 그 후 실습계약서를 기관과 학교에 각 1부씩 제출한다.

- **실습계약서 및 실습생 서약서에 포함되는 내용은 기관의 목적, 수행 업무, 실습 조건 등에 따라 다를 수 있다.** 예컨대, 실습계약서에 실습 업무의 범위, 실습기간 동안에 상해 발생 시 보험가입 등 실습과 관련된 경비에 대해서도 명시할 수 있다. 서약서의 경우 공통사항으로는 사회복지사 윤리강령, 클라이언트와 기관에 대한 비밀 유지, 실습 교육기관 및 실습지도자의 요구에 대한 실습생 준수 사항 등의 내용을 포함하지만, 이 역시 실습기관의 특수성에 따라 서약 내용을 추가할 수 있다.

표 4-1 실습계약서 작성 예시

실습계약서

실습생명	○○○	소속 대학	○○대학교
기관명	○○정신건강증진센터	주소 / 전화번호	
실습지도자	○○○ 팀장님	실습지도교수	○○○ 교수님

1. 일반적 사항

1) 실습기간: 201○ 년 ○ 월 ○ 일부터
201○ 년 ○ 월 ○ 일까지 총 20 일

2) 업무 시간: 주 5 일 근무, 9 시부터 17 시까지

3) 대학 실습세미나 시간: 매주 금 요일, 18 시부터 20 시까지

4) 결석에 대한 조치

- 사전에 반드시 기관에 연락하도록 한다.
- 사유서를 제출하고, 사유에 따라 실습 일정을 추가하도록 한다.

2. 실습의 목적과 목표

1) 목적: 실습의 목적은 지역사회 정신보건 사업의 전반을 이해하고, 정신보건사회복지사의 역할을 배우고 훈련함으로써 향후 정신보건사회복지사가 되기 위한 역량을 갖추는 것입니다.

2) 목표: 위의 목적을 달성하기 위해서 첫째, 회원들과 신속하게 라포를 형성하는 것, 둘째, 실습지도자를 비롯하여 기관 직원과 원만한 관계를 형성하고 그들의 업무를 파악함으로써 정신보건사회복지 실습생으로서의 역할을 정립하는 것, 셋째, 기관의 다양한 서비스를 이해하고 프로그램을 기획하며 직접 실시해 보는 것이 목표입니다.

3. 실습생의 의무와 책임

실습생으로서 사회복지 윤리강령의 의무를 지키고 실습생에게 주어진 과제 및 업무를 성실하게 수행해야 하는 책임을 다할 것입니다. 사회복지현장실습기간에 최대한 성실하고 열심히 임하도록 노력하겠습니다.

4. 실습지도자의 의무와 책임

실습지도자는 실습지도 계획에 따라 실습생에게 정기적인 수퍼비전을 제공하며, 실습지도를 통해 실습생이 기관에서 제공하는 다양한 사회복지사의 업무를 배우고 익힐 수 있도록 도울 것입니다.

5. 실습지도교수의 의무와 책임

학교와 실습지도교수는 실습생의 성공적인 현장실습을 위해 기관과 적극적으로 협력하며, 정기적인 실습세미나를 통해 실습을 지원할 것입니다.

상기 사항을 성실하게 이행하여 실습을 진행하도록 하겠습니다.

2010 년 ○ 월 ○ 일

실습생 ○○○ (인)

실습지도자 ○○○ (인)

실습지도교수 ○○○ (인)

표 4-2 실습생 서약서 작성 예시

실습생 서약서

본인은 ○○ 정신건강증진센터의 실습생으로서
다음의 사항을 준수할 것을 서약합니다.

1. 사회복지사 윤리강령
2. 클라이언트와 기관에 대한 비밀 유지
3. 실습 교육 기관 및 실습지도자의 요구 사항

2010 년 ○ 월 ○ 일

실습생: ○○○ (인)

○○ 정신건강증진센터 귀중

3) 실습생 프로파일 작성

작성 Tip

- **정확한 인적 사항을 기입한다.** 주소는 실습기간에 실제 거주하는 주소를 정확히 쓴다. 이메일은 복잡한 것보다는 간단하여 사용하기 쉬운 것으로 만들고, 닉네임은 우스꽝스럽거나 편견을 줄 수 있는 이름은 삼가도록 한다(예: 멍청이, 깽깽 등). 사용 중인 SNS도 모두 기입하는 것이 좋다.

- **이수 전공과목에는 실습 분야와 관련된 선수과목을 반드시 표기한다.** 예를 들어, 학교세팅에 사회복지현장실습을 나가는 경우 학교사회복지론, 아동복지론, 청소년복지론 수업에 대한 표기를 잊지 말고, 의료 및 정신보건사회복지 실습의 경우 의료사회복지론, 정신보건사회복지론, 정신건강론 수업에 표기한다.

- **경력은 최근의 경력이 맨 위에 올라오도록 기입하며, 자세히 써도 좋다.** 실습기관과 관련된 자원봉사, 인턴십, 직장체험, 공모전 수상 · 참가 경력을 먼저 쓰고, 리더십을 보여 줄 수 있는 학생회, 학과 임원 등을 중심으로 주요 경력을 쓴다. 자원봉사, 인턴십, 직장체험의 경우 해당 기관 및 담당 실습지도자의 이름까지 쓰는 것도 좋다.

- **사회복지 전공 동기는 공감할 수 있도록 구체적으로 쓴다.** 막연히 고등학교 때부터 관심이 있었다고 하지 말고, 어떤 계기를 통해 전공을 선택하였는지, 처음에 별다른 계기가 없었더라도 대학에 와서 어떤 과정을 통해 관심이 커졌는지에 대해 충분히 공감할 수 있도록 작성해야 한다. 스토리텔링이 오래 기억될 수 있고 감동도 줄 수 있다.

- **실습기관 선택 이유는 항목을 나누어 쓰고, 명확하게 자신의 생각을 밝힌다.** 지역사회복지관의 경우 여러 사업이 있으므로, 이 중 자신의 희망 분야와 그 이유를 순서대로 세 가지 정도 나열한다. 평소 자신의 관심 분야였다든지 자원봉사 경험이 있다든지 등 구체적인 이유를 제시하면 더 설득력이 있을 것이다.

- **실습을 통해 성취하고자 하는 목표는 현장에서 배울 수 있는 점을 최대한 부각한다.** 실습에서는 이론이나 지식 습득보다 필요한 이론과 지식을 갖춘 상태에서 '실무'를 최대한 익히는 것을 목표로 해야 한다. '클라이언트와 실제로 접촉하여 관계를 형성하고 사례관리를 경험해 보고 싶다.' 혹은 '관련 프로그램에 참여하고 직접 실시해 보고 싶다.' 등으로 작성한다. 또한 '예비 사회복지사로서 사회복지 조직을 이해하고 서류 작성 등의 행성 경험을 해 보겠다.'도 좋은 목표가 된다.

표 4-3 실습생 프로파일 작성 예시

〈예시 1〉

실습생 프로파일

1. 인적 사항

(사진)	실습생명	○○○	성별	여	생년월일	19○○년 ○월 ○일
	소속	○○대학교 사회복지학 전공 3학년				
	주소					
	전화번호	집:		휴대전화:		
	이메일					

2. 이수 전공과목

교과목명	이수 완료	현재 이수	교과목명	이수 완료	현재 이수	교과목명	이수 완료	현재 이수
사회복지개론	V		인간행동과 사회환경	V		사회복지실천론	V	
사회복지실천기술론			지역사회복지론		V	사회복지정책론		
사회복지행정론	V		사회복지법제론			사회복지조사론		V
사회복지자료분석론			프로그램개발과 평가		V	가족복지론		
아동복지론	V		청소년복지론			노인복지론		
여성복지론			장애인복지론		V	정신건강론	V	
정신보건사회복지론		V	의료사회복지론			학교사회복지론		V
산업복지론			자원봉사론	V		사회문제론	V	
사회복지발달사			사회보장론			교정복지론		
사회복지윤리와철학			사회복지지도감독론			사회복지현장실습		
보육학개론	V							

3. 경력

구분 (취업, 실습, 봉사)	기관	기간	내용
봉사	○○○	2012년 3월~현재	○○○ 해피프렌즈 활동으로, 고등학생들과 함께하는 봉사 프로그램 참가
봉사	×××	2011년 6월~2012년 5월	아동애착증진 프로그램으로, 월 1회, 12회기 교육개입 프로그램 진행

(계속)

구분 (취업, 실습, 봉사)	기관	기간	내용
봉사	○○종합 사회복지관	2011년 1월~2011년 2월	초등학교 저학년을 대상으로 방과 후 활동 프로그램 및 학습보조 진행

4. 사회복지를 전공하게 된 동기

텔레비전 프로그램 <긴급출동-SOS> <우리아이가 달라졌어요> <EBS 다큐프라임> 등을 통해 누군가의 문제와 욕구를 파악하여 개입하는 모습과 이후 행동 및 문제점이 개선되는 모습을 보며 가슴이 설레곤 했습니다. 지역사회의 자원과 이를 통한 개입으로 누군가의 삶이 건강하고 행복하게 바뀌며, 나아가 가족과 지역사회가 건강해지는 것에서 사회복지의 매력을 느껴 이 학문을 전공하게 되었습니다.

5. 실습기관 선택 이유

저는 지금까지 제가 거주하는 ○○ 지역에서 봉사활동을 하며 지역의 다양한 사회복지기관을 살펴보았습니다. 하지만 작년 선배들의 현장실습 발표회에 참석하면서 제가 살고 있는 지역과는 다른, 좀 더 인구도 많고 다양한 욕구를 가진 클라이언트가 많은 ○○ 지역을 실습지로 선택하게 되었습니다. 전공 교수님, 선배님, 인터넷 등을 통해 서울의 다양한 복지관을 소개받아 살펴보던 중, 다양한 프로그램을 진행하면서 지역 자원을 적극 활용하는 ○○종합사회복지관을 접하게 되었습니다. 특히 ○○종합사회복지관에서 북한이탈 주민의 문제와 욕구를 파악하여 프로그램을 진행하고 있고, 가족·지역·교육 분야의 다양한 사업을 진행하고 있는 점이 매력으로 다가왔습니다. 따라서 다양한 문제와 욕구를 가진 대상자를 파악하고, 프로그램을 직접 기획해 보는 실천적이고 유용한 실습을 할 수 있으리라고 판단하여 ○○종합사회복지관을 선택하게 되었습니다.

6. 실습을 통해서 성취하고자 하는 목표

지역사회에서 종합사회복지관의 역할과 기능을 구체적으로 파악하고, 종합사회복지관 내에서 어떤 프로그램과 활동을 진행하여 지역사회 주민의 욕구를 충족시키는지 알고 싶습니다. 학교에서는 이론적으로 프로그램을 기획하고 평가하는 것을 공부하였다면, 이번 하계 실습을 통해서는 실천적으로 직접 프로그램을 기획하고 실시하는 시간을 갖고 싶습니다.

실습을 통해 자신을 아는 것은 무엇보다 중요하다고 생각합니다. 자기 자신을 알고 자신의 강점과 약점을 아는 것이 사회복지의 시작이며 가장 중요한 지점이라고 생각합니다. 따라서 사회복지사로서의 저 자신을 이해하는 시간을 갖고 싶습니다. 사회복지 전공생으로서 사회복지에 대한 올바른 방향을 탐색하고, 스스로 어떤 역량을 갖고 있으며 어떤 가치를 가지고 사회복지에 임하는지 알아보는 실습이었으면 좋겠습니다.

7. 실습을 마친 후 목표 달성 정도를 파악할 수 있는 기준

– 스스로의 주관적 평가

- 실습지도자와 실습지도교수님의 평가
- 동료 실습생의 평가

8. 사회복지를 실천하는 데 있어 자신의 강점과 약점

1) 사회복지 지식 및 기술 측면

1학년 때부터 사회복지를 전공하고 있고, 가능하면 전공 교과목에서 좋은 학점을 받고자 노력하여 계속 장학금을 받으며 공부하고 있습니다. 지식적 측면은 열심히 쌓아 가고 있다고 생각하지만, 사회복지 실천 기술적 측면은 아직 경험이 없어 많이 부족합니다. 자원봉사를 꾸준히 하고 있긴 하지만 그보다도 이 분야는 실습을 통해 가장 배워야 할 부분이라고 생각합니다.

2) 개인적 특성 측면

저는 사람들을 이끌 수 있는 리더십을 발휘하는 것이나 다른 사람들에게 자신의 생각을 표현하는 것이 많이 서툽니다. 그래서 수업 시간이나 발표할 시간이 되면 위축되고 부끄러워지는 자신을 발견하곤 합니다. 이는 저의 크나큰 약점입니다. 하지만 멘토링 등 대외 활동과 봉사 활동을 꾸준히 하고, 수업 시간에 참여하려고 노력함으로써 저의 단점을 극복해 나가고 있습니다. 장점으로는 매사에 하려고 하는 의지가 강하며, 꼼꼼한 성격으로 여러 가지 실무나 일을 잘한다는 말을 많이 듣곤 했습니다. 또한 사람들과 대화하는 것을 즐기며, 친구들의 힘든 상황에 잘 귀 기울여 주고 이해함으로써 친구들의 고통을 덜어 주어 다시 활기차게 생활하는 모습을 보는 것을 매우 좋아합니다.

9. 취미 및 특기

독서와 영화 감상을 즐겨 합니다. 그러한 활동을 통해 다양한 인간의 생활 모습을 간접 경험할 수 있어서 좋아합니다.

10. 실습기관, 실습지도자 및 실습지도교수에게 바라는 점

비록 이전에 실습기관에서 봉사를 한 적은 없지만, 관련 기관에서 봉사한 경험이 자산이 될 수 있다고 생각합니다. 기관에 최대한 빨리 적응하고자 합니다. 실습기간에 지각과 결석 없이 성실한 태도와 적극적으로 배우려는 자세로 임하겠습니다. 학교에서 강의를 통해 배울 수 없는 현장 경험과 노하우에 대해 많은 지도와 관심으로 부족한 실습생을 이끌어 주시기 부탁드립니다.

〈예시 2〉

학생 프로파일

1. 인적사항

성 명	○○○	생년월일	19○○년 ○월 ○일	성별	여
주 소	○○시 ○○구 ○○○로			전화	○○○-○○○-○○○○
소 속	○○대학교 사회과학대학 사회복지학과 3학년				
지도교수	○○○ 교수님	취미/특기	독서	종교	기독교

2. 학력 및 경력

기간	학력 및 경력
2006년	○○여자고등학교 입학
2009년	○○여자고등학교 졸업
2009년	○○대학교 사회복지학과 입학

3. 전 실습기관 및 자원봉사 경력

기관명	활동 기간	주요 활동 내용
○○구장애인자립생활센터	2010년 5월 14일(8시간)	○○구 제1회 NGO 축제 행사 보조
×××××	2010년 3월~12월(10개월)	저소득층 아동 학습 지원 멘토링
사랑 싣은 교통 봉사대 △△지대	2010년 8월 22일(27시간)	문서 및 서류 업무 보조
사랑의 쉼터	2010년 7월 10일(8시간)	아동보호시설을 방문하여 아이들과 함께 다양한 활동
○○광역시 사회복지사 협회	2009년 11월 17일(5시간)	미아 장애 아동 찾기 캠페인 활동
△△종합사회복지관	2009년 5월 7일(16시간)	노인과 다문화가정 문화축제 행사 보조

4. 이수했거나 이수 중인 전공과목(모두 기입)

연번	이수과목명	연번	이수과목명
1	사회복지개론	9	**사례관리론**
2	**사회복지실천론**	10	사회복지조사론
3	**사회복지실천기술론**	11	**아동청소년복지론**

(계속)

연번	이수과목명	연번	이수과목명
4	사회복지정책론	12	자원봉사론
5	사회복지발달사	13	지역사회복지론
6	사회학	**14**	**가족복지론**
7	**사회복지문제론**	15	사회복지 프로그램 개발과평가
8	인간행동과 사회환경		

5. 사회복지(사업)를 전공하게 된 동기

제가 사회복지학을 전공하고 싶다는 생각을 한 것은 중학교 때입니다. 저는 어릴 때 인적도 없고 젊은 사람이라고는 눈 씻고 찾아봐도 보이지 않는 시골에서 증조할아버지, 할아버지, 할머니, 그리고 부모님과 동생, 저 이렇게 4대가 함께 살았습니다. 그래서 어릴 때부터 편찮으신 증조할아버지 수발드는 것을 도왔고, 할아버지, 할머니의 일도 도왔으며, 농사를 짓느라 바쁘신 부모님을 대신해 어린 동생도 매일 제가 돌보곤 했습니다. 또 시골에 할아버지, 할머니가 많이 계셔서 어르신이 하기 어려운 전등 갈기, 높은 곳 청소하기, 마당 쓸기, 시장에서 장보기 등의 일을 아버지를 따라 함께 돕곤 했습니다. 그러던 중 초등학교 5학년 때 ○○ 지역으로 전학을 온 후 우연한 기회에 어머니 회사에서 추진하는 아동보호시설 자원봉사 활동에 참여하게 되었습니다. 시골에서 어르신을 도와드리면서 심부름을 담당하던 저는 노인뿐만 아니라 어린아이를 위한 봉사에도 점점 흥미가 생겼습니다. 따라서 더 많은 분야에서 봉사하며 클라이언트의 어려움이나 그들의 욕구도 들어 보고 싶었고, 사회복지라는 것을 좀 더 구체적이고 전문적으로 배워 실천 현장에 나가서 일해 보고 싶다는 욕구가 생겨 사회복지학과로 지원하게 되었습니다.

6. 실습 희망분야 및 역할(구체적으로)

대학교 2학년 때 저소득층 아동을 대상으로 한 멘토링에 참여한 적이 있습니다. 처음엔 어떻게 해야 할지 막막하고 걱정이 많이 되었지만, 아이들과 함께 야외 활동이나 만들기 활동 등을 하다 보니 라포 형성도 잘 되었고, 무엇보다 멘티가 잘 따라 주어 즐겁게 활동할 수 있었습니다. 매일 어떤 프로그램을 진행할지 계획하고, 준비하고, 실행하면서 저에게 아동복지 분야가 잘 맞는다는 것을 알게 되었습니다. 그렇게 노력한 결과 최우수 멘토상까지 받게 되었습니다.
또한 지금은 상담 관련 수업을 듣고 있습니다. 이후 실습을 통해 아동상담 및 보호사업 분야에 관한 상담을 배워 보고 싶고, 또 직접 경험해 보면서 더 배우고 싶습니다. 그리고 프로그램 진행에도 관심이 많은 편이기 때문에 아동 관련 프로그램 진행도 해 보고 새로운 프로그램도 만들어 보고 싶습니다.
어린이재단과 굿네이버스, 기아대책 등과 같은 NGO 단체에서는 아동의 욕구를 중심으로 표준화된 서비스를 제공하기 위해 노력하고, 국내뿐 아니라 외국 아동의 생존권이나 보호권, 발달권, 참여권을 보장하고자 아동권리옹호사업을 활발히 펼치고 있다고 들었습니다. 저는 아이들이 빈부격차에 의해, 또 사회적 불평등에 의해 차별받는 세상이 아닌 모든 아동이 행복하게 살 수 있는 세상을 만드는 것이 목표이기 때문에 아동권리옹호사업에도 관심이 많습니다.

7. 사회사업실천 시 자신의 장점과 단점

1) 장점

① 경청과 수용: 저는 친구들이나 가족의 이야기를 잘 들어주고, 상대방의 잘못을 따지거나 화를 내지 않으며, 무슨 일이든 누구나 겪을 수 있는 일이라 생각하고 수용합니다. 그렇기에 상대방을 비난하지 않고 있는 그대로를 이해해 주며 감정에 휘둘리지 않고 이성적으로 잘 파악합니다. 또한 비밀도 잘 지켜 상대방이 마음 편히 이야기하도록 합니다. 그렇기에 상담할 때나 클라이언트와 대화할 때도 이야기를 잘 이끌어 낼 수 있습니다.

② 평등과 배려: 저는 모든 사람을 외적인 모습으로, 또 현재의 상황에 따라 판단하지 않고 아무 조건 없이 한 인간으로 대합니다. 어릴 때부터 저희 부모님께서 자신보다 못난 사람에게도, 자신보다 잘난 사람에게도, 또 자신보다 어린 사람에게도 배울 것이 있다고 말씀하시며 사람에 대해 항상 편견을 갖지 말고 똑같이 대해야 한다고 하셨기 때문입니다. 그리고 저희 아버지께서는 시골에 살던 당시 마을에 젊은 사람이 없어서 간단한 수리나 공사를 항상 도맡아서 하셨고, 어머니께서는 시골에서 먹기 어려운 음식을 하실 때면 항상 이웃과 나누어 드시곤 하셨습니다. 그런 부모님 아래서 자라서인지 어릴 때부터 사람을 가리지 않고 잘 어울렸고, 또 그러는 과정에서 양보하고 배려하는 마음을 배우게 되었으며, 모든 사람을 제 부모님, 형제자매처럼 생각하고 가족처럼 대하게 되었습니다.

③ 도전 정신: 저는 기회가 있으면 무조건 도전하고 보는 성격입니다. 만약 그 도전이 실패했을 경우에도 낙담하지 않고 선배, 교수님, 친구 등 주변 사람들에게 조언을 구하며 다시 저 자신을 다듬어 또 도전하는 의지를 지녔습니다. 또한 다른 사람들의 충고를 기분 나빠하지 않고 그것을 토대로 단점을 보완해 가고자 합니다.

④ 친화력: 낯선 상황, 낯선 사람들에도 쉽게 적응하여 친해지는 편이고, 이야기를 잘 이끌어내어 대화가 끊어지지 않게 함으로써 분위기가 어색해지지 않게 합니다. 그래서 클라이언트가 기관에 내담할 때 낯설어하지 않고 편하게 이야기할 수 있도록 할 수 있습니다.

⑤ 관심과 사랑: 사람들에 대한 관심과 사랑이 무척 큽니다. 그래서 주변 사람들이 스쳐 지나가면서 했던 말, 그 사람의 특성, 말투, 행동, 기본적 인적 사항 등을 기억하고 있다가 세심하게 챙기는 편입니다. 이것은 사회복지사로서 일할 때 원동력이 될 수 있고, 일에 열정과 흥미를 느낄 수 있게 하는 요소라고 생각합니다. 전문가로서 자신의 직업에 소명의식을 가지고 열정과 흥미로 일하며, 보람을 느끼는 것은 꼭 필요하다고 생각합니다.

2) 단점

① 감정적임: 저는 예전에 한 기관에서 저소득층 가정의 현재 상황 등을 설문조사한 적이 있는데, 전화를 드리는 곳마다 이것도 모자라다, 저것도 모자라다, 돈 좀 달라 등 힘든 점을 구구절절 이야기하시면서 부탁하셨습니다. 그때 정말 다 들어드리고 싶어서 엄청나게 많이 메모하였고, 그분들의 상황을 제가 대변하여 설명하고자 했습니다. 그런데 더 힘든 상황에 계신 분도 많아 그렇게 다 제공할 수는 없다는 답변이 돌아왔습니다. 그 말을 듣는 순간 화가 났고, 속이 부글부글 끓었지만 다시 생각해 보면 냉정하게 한정된 자원을 정말 필요한 곳에 쓰는 것이 맞다는 생각이 들었습니다. 이러한 감정적인 성향이 자원 제공에는 단점이 될 수 있겠지만, 한편으로 클라이언트의 상황에 더 잘 공감할 수도 있고 그들을 대변할 수도 있다는 측면에서는 장점이 될 수 있다고 생각합니다. 실습을 통해 실제 현장에서는 어떻게 하는지 보고 배우면서 이성과 감정을 잘 조절할 수 있을 것이라고 믿습니다.

② 맺고 끊음이 확실함: 저는 누군가 잘못된 행동을 하면 무조건 세 번은 참습니다. 그래도 변하지 않으면 그땐 말로 설득하고, 그 후에도 변함이 없다면 정말 다시는 보지 않습니다. 저는 인간과 인간 사이의 신뢰가 가장 중요하다고 생각하고, 서로 상처를 주어서도, 또 받아서도 안 된다고 생각합니다. 따라서 그 사람의 행동으로 인해 제가 힘들어하고, 또 그런 모습으로 다른 사람까지 피해를 보게 될 것 같다는 생각 때문에 사람과의 관계에서 맺고 끊음을 확실하게 지킵니다. 그런데 살다 보니 세상에 필요하지 않은 사람은 없고, 제가 보기에 부족해 보이는 사람에게도 배울 것이 있다는 것을 알게 되었습니다. 저와 맞지 않는다고 다 포기해 버렸는데 앞으로는 포기하는 것이 아니라 한 발짝 물러나서 스스로 알 수 있도록 뒤에서 지지해 주고 지켜봐 주어야겠다는 생각을 하게 되었습니다. 그리고 이젠 이것을 토대로 저와 맞지 않는 클라이언트라고 해서 배척하지 않고 믿고 기다려 줄 수 있을 것이라고 믿습니다.

지금까지 언급한 저의 약점은 실습을 하면서, 그리고 실제 실천 현장의 모습을 보면서 계속해서 전문직으로서 가져야 하는 여러 기술을 배우는 과정을 통해 보완해 나갈 수 있을 것이라고 믿습니다.

8. 이번 실습의 목표

1) 아동복지 분야에 대한 뚜렷한 목적의식 정립: 사회복지에는 아동, 노인, 청소년 등 여러 가지 분야가 있습니다. 저는 아동의 권리를 보호해 주고 싶고, 빈곤이 대물림되지 않고 모두가 행복하게 살 수 있는 나라를 이룩하는 데 이바지하고 싶습니다. 따라서 아동복지로 분야를 정해 취업하고 싶습니다. 하지만 정말로 제가 생각하는 목표 때문에 아동복지 분야에 몸을 담고 싶은 것인지 아니면 단순히 취업이 하고 싶어서 이 분야를 선택한 것인지 아직 정확히 구분할 수 없어, 실습을 하면서 직접 하는 일을 보고 배우며 확실한 목적의식을 정립하고 싶습니다.

2) 아동 관련 프로그램의 실질적인 진행 방법과 내용 습득: 아동 관련 프로그램에 무엇이 있는지 책으로는 많이 접해 보았지만 실제로 어떤 식으로 프로그램 내용을 정하여 진행하고 있는지, 또 프로그램 하나를 진행하기 위해 얼마나 많은 노력과 시간이 드는지는 잘 모르기 때문에 이번 실습을 통해 정확하게 알고 싶습니다.

3) 책에 적혀 있는 아동의 욕구가 아닌 실제 아동이 가지고 있는 욕구 파악: 실습을 하면서 아동 관련 프로그램을 진행하고, 또 직접 아이들을 만나 보면서 아이들이 실제로 가지고 있는 신체적·정서적 욕구를 파악하고 싶습니다. 그래서 나중에 제가 졸업한 후 실천 현장에서 일할 때 아동의 욕구에 맞게 정말 필요한 프로그램 및 경제적·정서적 지원을 제공하고 싶습니다.

9. 졸업 후 계획

저는 항상 고대 로마의 풍자 시인 푸블릴리우스 시루스의 말인 '가장 높은 곳에 이르기 위해서는 가장 낮은 곳부터 시작하라.'를 마음에 새기고 생활합니다. 사람들은 항상 자신이 하는 일에 조급함을 느끼고, 공부도 일도 사랑도 시작하는 순간 변화가 일어나길 바라며 좋은 결과가 있을 거라 확신합니다. 그러나 지금 유명세를 타고 있는 스포츠 선수들의 이야기를 들어 보면 매일같이 기본적인 동작을 수차례 연습하고, 그것을 토대로 다음 단계로 나아간다고 합니다. 목표에 도달하는 시간이 길어질수록 많은 사람이 포기합니다. 그러나 전 절대로 포기하지 않고 제가 목표한 것을 달성하기 위해서 열심히 노력할 것입니다.
졸업 후 제가 원하는 것은 NGO 단체에 취업하는 것입니다. 그러기 위해서는 NGO 단체에 대한 기본적인 지식과 개인적 역량을 강화하여 준비된 자세로 끊임없이 도전하고자 합니다. 그리고 취업 후에는 우리나라를 포함한 전 세계 아동의 권리를 옹호하고, 그들의 욕구를 충족시켜 줄 수 있는 사회복지사가 될 것입니다. 물론 저의 바람이 이루어지지 않을 수도 있습니다. 그러나 그때도 포기하지 않고 끊임없이 시도하여 정말 제가 원하는 세상이 도래할 수 있도록 힘을 보태고 싶습니다. 목표는 높게 잡고, 그 목표를 향해 무너지지 않도록 가장 낮은 곳부터 차근차근 완벽하게 쌓아 올라갈 것입니다.

2. 실습 과제의 작성 방법

다음에서는 실습을 진행하는 동안 실습생이 제출해야 하는 각종 실습 과제의 구체적인 작성 방법 및 Tip을 설명하고, 기록 예시를 소개하여 참고할 수 있도록 하였다.

1) 실습계획서

작성 Tip

- **실습을 통해 배우고 싶은 것을 구체적으로 작성한다.** 예컨대, 종합사회복지관이 실습기관이라면 '실습을 통해 사회복지 전반을 이해한다.'가 아니라 '실습을 통해 종합사회복지관 사회복지사의 업무와 역할을 파악하고 싶다.' 등으로 써야 한다.

- **실습기관 선택 이유는 신중하게 고려하여 결정했다는 모습을 보여 줄 수 있도록 작성한다.** 교수, 선배, 동료, 봉사 경험, 인터넷 등 실습기관을 알게 된 경로와 함께 기관의 어떠한 특성이 자신의 욕구 및 관심에 부합하였는지 구체적으로 쓴다. 그럴 리는 없겠지만 '친구를 따라서'나 '집이 가까워서'와 같은 이유는 절대 쓰면 안 된다.

- **기관의 특성(목적 및 중점 사업)에 맞는 실습 목표를 설정한다.** 매우 중요한 항목임에도 학생들이 종종 놓치는 부분이다. 당해 실습기관에서만 경험할 수 있는 사업을 중심으로 장기목표 및 단기목표를 정하고, 구체적인 계획에는 목표 대비 성취 전략을 세운다. 이때 목표는 달성 여부를 평가할 수 있도록 측정 가능한 것이어야 한다. 예를 들어, '기관 직원 및 실습지도자와 원만한 관계를 형성한다.'는 '기관 직원 및 실습지도자에게 먼저 인사한다.'로, '기관 프로그램을 파악한다.'는 '기관에서 실시하고 있는 프로그램에 1개 이상 참여한다.'로 바꾼다.

- **목표 달성 정도는 계량화 · 수치화할 수 있으면 더 좋다.** 예를 들어, 10점 만점에 8점 이상인 경우 목표를 달성한 것으로 수치화한다. 또 '관련 척도를 사용하여 평가한 결과 ○점 이상 증가한 경우 목표를 달성한 것으로 본다.' 등으로 설정한다. 수치화가 어려운 목표인 경우 실습지도자와 지도교수의 평가를 통해 파악할 수 있다.

- **실습기관 및 지도교수에게 바라는 점은 구체적으로 쓴다.** 실습생의 노력과 열정을 적극적으로 보여 줄 수 있는 기회이므로 막연히 '열심히 하겠습니다.'보다는 '예비사회복지사로서 역량을 쌓아 갈 수 있도록 다양한 배움의 기회를 주시면 최선을 다하여 성실하게 실습에 임하도록 하겠습니다. 많은 지도를 바랍니다.'와 같이 쓰는 것이 바람직하다.

표 4-4 실습계획서 작성 예시

실습계획서

실습생명	○○○	소속 대학	○○대학교
실습기간	2010년 ○월 ○일~○월 ○일	실습기관	○○종합사회복지관
실습지도자	○○○ 팀장님	실습지도교수	○○○ 교수님

1. 일반적 사항

종합사회복지관의 역할과 기능에 대해 알고 싶으며, 구체적으로 종합사회복지관 사회복지사의 업무를 이해하고 배우고 싶습니다. 또한 예비 사회복지사로서 지역사회복지관에서 일하게 될 때 저에게 필요한 역량이 무엇인지, 저의 강점과 부족한 점은 무엇인지 알고 싶습니다.

2. 실습기관 선택 이유

제가 거주하는 지역사회보다는 좀 더 넓고 다양한 환경인 영구임대아파트 단지 내에 있는 종합사회복지관의 역할과 기능을 파악하고 싶었고, 특히 ○○종합사회복지관의 경우 북한이탈주민, 다문화 가족 등 다양한 대상에게 서비스를 제공하는 복지관이기에 실습지로 선택하게 되었습니다.

3. 실습 목표

1) 장기목표

종합사회복지관 사회복지사의 업무와 역할을 숙지하고 자신의 장점 및 약점을 파악하여 장차 종합사회복지관에 근무하는 사회복지사로서 필요한 역량을 갖춘다.

2) 단기목표

(1) ○○종합사회복지관의 역할과 기능, 사업 내용을 이해한다.
(2) ○○종합사회복지관이 지역사회 자원을 어떻게 활용하고 개발하는지 파악한다.
(3) 재가사회복지 분야에서 사례관리 과정을 파악하고 직접 사례관리를 실시해 본다.
(4) 실습지도자 및 직원, 실습생 간에 원만한 대인관계를 맺는다.

4. 장 · 단기 실습 목표를 달성하기 위한 구체적인 계획

목표 측면	세부 목표	목표 성취 전략
1. 전문적 발달 측면	1-1. 「사회복지사업법」, 국민기초생활보장제도 등 파악하기	관련 법조문, 정책, 제도, 문서를 읽는다.
	1-2. 사회복지사 윤리 인식하기	사회복지사 윤리강령을 읽는다.
2. 사례관리 측면	2-1. 인테이크 배우기	사례대상자 관리카드를 10개 이상 숙지하고, 실습지도자의 인테이크 장면을 관찰한다.
	2-2. 인테이크하기	인테이크를 5개 사례 이상 진행한다.
	2-3. 인테이크 기록하기	작성한 기록에 대해 수퍼비전을 받는다.
	2-4. 자원 연결하기	사례 회의에서 수퍼비전받은 내용을 토대로 2개 사례 이상에 자원을 연결해 본다.
3. 행정적 측면	3-1. 기관사업 파악하기	기관 분석 보고서를 1회 작성한다.
	3-2. 프로그램 계획서 작성하기	프로그램 계획서를 1회 작성한다.
	3-3. 팀별 사업에 참여하기	- 기획연구팀의 지역주민 만남의 날에 참여한다. - 노인복지팀의 데이케어센터 여름캠프에 참여한다. - 지역보호팀의 재가복지사업(도시락배달, 이동목욕서비스, 수지침서비스, 경로식당 체험)에 참여한다.
4. 지역사회파악 측면	4-1. ○○로의 인구사회학적 특성 파악하기	지역 관내도 등을 통해 숙지한다.
	4-2. ○○로의 역사적 · 문화적 · 사회적 특성 파악하기	지역 조사를 통해 특성을 파악한다.
5. 대인관계 측면	5-1. 실습지도자 및 직원과 원만한 관계 형성하기	먼저 인사하고, 적극적으로 질문하며, 책임감 있게 행동한다.
	5-2. 동료 실습생들과 협력적 관계 형성하기	온·오프라인을 통해 실습생 모임을 갖고 정보를 공유한다.

5. 실습을 마친 후 기대되는 목표 달성 정도

실습을 마친 후 지역사회복지 분야에 대해 좀 더 넓은 안목을 갖는 계기가 되길 기대합니다. 종합사회복지관의 역할, 종합사회복지관에 근무하는 사회복지사의 역량을 파악함으로써 학교에 돌아와서 필요한 역량을 배양하도록 노력하고자 합니다. 각 목표의 달성 정도는 %로 수치화하며, 실습지도자 및 실습지도교수의 평가를 통해 파악합니다.

6. 실습기관 및 학교 지도교수에게 바라는 점

이론의 학습이 아닌 사회복지 현장에서 필요한 구체적인 지식과 기술 습득을 위해 도와주시기 바라며, 아직 기관에의 적응 및 사회복지사로서의 대처 능력이 부족하기에 많은 충고와 피드백 바랍니다.

2) 실습기관 분석 보고서

작성 Tip

- **기관의 역사는 기관 홈페이지에 제시된 정보를 바탕으로 쓴다.** 단, 홈페이지의 내용을 그대로 짜깁기하지 말고, 실습지도자가 추가로 제공한 자료 등을 참고하여 실습생이 종합적으로 정리·요약하여 쓰도록 한다. 특히 설립 동기 및 목적은 설립 주체에 따라 사업 내용과 성격이 달라지므로 설립 주체가 누구인지(예: 종교법인, 사회복지법인 등)를 잘 파악하도록 한다. 기관 역사에 대한 실습생의 평가 부분은 '좋다' '나쁘다'가 아니라 기관의 비전이 어떻게 달성되어 왔는지, 중점 사업이 무엇인지, 그 성과는 어떻게 나타나고 있는지를 중심으로 작성한다.

- **주요 사업 및 평가는 전체 사업을 간략히 소개한 후 실습생이 참여할 부서 사업을 중심으로 소개한다.** 모든 사업을 다 소개하는 것은 지면 제한이 있으므로 사업명을 중심으로 간단히 소개 정도만 하고, 실습생이 참여하는 부서의 사업을 자세히 소개하여 실습 시작 전에 주요 사업 내용을 충분히 익힐 수 있도록 한다.

- **기관의 행정 사항 중 예산 등의 부분은 기관에서 정보공개에 동의하지 않을 경우 무리하게 작성하지 않아도 된다.** 학교에 제출해야 할 과제라고 무리하게 공개할 것을 요구하지 않도록 주의한다. 실습기관은 학교 교과목의 진행을 위탁받은 기관이므로 기관 방침을 우선적으로 따른다.

- **기관이 속한 지역사회, 물리적 환경의 특징, 사회복지기관으로서 지역 내 다른 기관들과의 연계에 대한 부분은 고민하여 작성한다.** 이 부분은 실습생이 기관이 속한 지역사회에 익숙하지 않을 경우 작성하기 어려울 수 있다. 하지만 사회복지 실습생으로서 지역사회를 파악하고 해당 자원을 바라보는 관점을 구축하며, 역량을 배양할 수 있는 기회이므로 관련 자료를 수집하여 고민하면서 쓴다. 특히 지역사회에 대한 이해 및 자원 간의 네트워킹을 파악하는 것은 실습생이 반드시 학습하고 익혀야 할 부분이다.

- **기관의 특별한 면이나 전반적인 사항에 대한 인상 혹은 느낌은 객관적 시각으로 작성한다.** 기관 분석 보고서는 대개 실습 초반에 제출하므로 기관에 대해 잘 모르는 상태에서 작성하는 경우가 많다. 따라서 기관에 대한 선입견, 주관적 평가가 개입되지 않도록 객관적으로 쓸 수 있게 주의한다.

표 4-5 실습기관 분석 보고서 작성 예시

실습기관 분석 보고서

실습생명	○○○	기관명	○○종합사회복지관
기관 주소	(전화:)		
기관 소개자	○○○ 팀장님 (부서: 직책:)		

1. 기관의 역사

1) 기관 설립 동기 및 설립 목적: (생략)

2) 기관 사업의 역사적 변천: (생략)

3) 기관 역사에 대한 실습생의 평가

아동, 청소년, 노인, 북한이탈주민 등 다양한 집단을 대상으로 매우 다양한 프로그램을 진행하고 있으며, 특히 재가복지, 장애인주간보호, 데이케어센터, 북한이탈주민 지원사업을 중점사업으로 두고 있음을 알 수 있다. 기관 역사를 통해 여러 주무관청이나 기업과의 연계, 자원개발을 적극적으로 하고 있음을 파악하게 되었고, 사회복지사의 중요한 역량인 자원 개발과 자원 연계의 중요성을 알 수 있었다.

2. 기관의 목적

○○종합사회복지관은 지역사회 내 도움을 필요로 하는 주민들에게 전문적이고 종합적인 사회복지 서비스를 제공함으로써 주민들의 자조·자립 능력을 배양하고 지역 주민의 다양한 욕구와 문제에 부응하는 사업을 개발·수행하고 있다. ○○종합사회복지관은 지역사회 발전을 향한 주민의 협동의식과 연대감 조성을 통해 지역사회의 통합을 이룩하고 종합복지센터로서의 역할을 수행하기 위해 설립되었다.

3. 기관의 주요 사업 및 프로그램

1) 클라이언트 및 대상 지역: 지역사회 내 도움을 필요로 하는 ○○구 ○○로 주민 및 인근 지역 주민

2) 주요 사업

- 가족기능 강화 사업

- 상담센터운영(검사, 상담, 집단 프로그램, 저소득 가정 지원 사업)
- 아동발달지원사업(심리치료, 놀이·미술·언어 치료)

• 지역사회 보호 사업
- 사례 개발 및 사례관리
- 결연후원사업
- 무료급식사업
- 가사 및 가정방문사업
- 학습정서지도서비스
- 의료봉사사업
- 노력지원사업
- 어르신여가지원사업
- 위안행사사업
- 홈사업
- 희망플러스, 꿈나래통장사업
- 경로당활성화사업

• 지역사회 운동
- 자원봉사자육성사업
- 후원사업
- 홍보사업
- 교육연구 사업
- 네트워크 구축
- 주민참여

• 교육문화
- 성인교육프로그램
- 자녀교육 및 학습
- 방과 후 교실
- 아동기능 교실
- 학교사회사업

• 자활
- 무료직업소개사업
- 북한이탈주민지원사업

3) 서비스 전달 체계

○○종합사회복지관은 행정지원팀, 지역보호팀, 가족복지팀, 지역운동팀, 노인복지팀, 기획연구팀으로 조직이 구성되어 있고, 팀별로 사회복지사 및 기타 직종이 근무하고 있다.

4) 기관의 대상층 및 주요 사업에 대한 실습생 평가

남녀노소 다양한 연령대 및 특정 집단 등을 위한 다양한 사업이 실시되고 있으며, 각 분야별로 팀을 이뤄 서비스를 전달하고 있어 종합사회복지관의 다양한 업무를 경험할 수 있는 기대가 생겼다.

4. 기관의 행정 사항

1) 기관의 조직 구조: (생략)

2) 예산 · 후원 및 지원 사항: (생략)

3) 기관의 행정 구조와 예산 사용 및 후원에 대한 실습생 평가

각 분야별로 팀을 이뤄 편세기 이루어져 있으며 다양한 프로그램이 있는 만큼 자원봉사자와 후원자들의 도움이 많이 필요하다는 생각을 하였다. 또한 ○○로에 소재한 제과점, 중소기업 등과

연계를 맺어 기업 후원도 이뤄지고 있는 것을 보아 지역사회 내 자원을 적극적으로 활용한다는 생각을 하였다. 구체적인 예산 사용에 대해서는 충분한 정보를 얻기 어려워 평가하지 못했다.

5. 기관이 속한 지역사회 및 물리적 환경의 특징

1) 지역사회의 특징

개관한 해가 19○○년으로 지역사회 내에서 근 20년 동안 자리 잡고 있으며, 사업 내용을 보더라도 지역사회 내 주민들의 욕구와 문제를 잘 파악하고 있음을 알 수 있다. ○○종합사회복지관이 위치한 지역은 영구임대아파트 단지로 입주자를 위한 프로그램이 다수 개발 실시되고 있다.

2) 물리적 환경(시설, 공간 등)의 특징

비교적 오래된 건물임에도 깨끗하게 잘 관리되어 있으며, 이정표가 많이 부착되어 처음 기관에 방문하는 사람도 쉽게 찾아올 수 있을 것으로 보인다. 상담실 등은 사무실과 분리되어 있어 조용하고 안정된 공간에서 상담받을 수 있다.

6. 사회복지기관으로서 지역 내 다른 기관들과의 연계

1) 관계 유형 및 내용

가족기능 강화 사업으로 실시 중인 가족상담센터는 ○○대학교 ○○병원 정신건강의학과와 협력체계를 이루고 있으며, 지역 내 관련 기관이나 단체 등과의 연계를 통한 프로그램을 실시하여 네트워크를 구축하고 있다. 특히 주민조직사업, 주민교육사업에서는 주민 참여율이 높고 사업 수행 기간이 긴 것으로 볼 때 지역사회 주민과의 밀접한 관계를 맺고 있는 것으로 파악된다.

2) 기관의 다른 기관과의 관계 유지에 대한 실습생 평가

종합사회복지관의 역량은 자원을 연계하고 그 자원을 잘 활용하는 것이라고 생각한다. 다양한 자원의 연계는 지역사회 내 복잡한 욕구를 가진 클라이언트들을 위해 유용하다고 생각하는데, 이러한 측면에서 ○○종합사회복지관은 공공기관, 병원, 학교, 관련 복지기관과 적극적으로 관계를 형성·유지하고 있는 것으로 판단된다.

7. 기관의 특별한 면이나 전반적인 사항에 대한 인상 혹은 느낌

○○종합사회복지관은 지역 내 다양한 클라이언트를 위한 사업을 실시하고 있음을 파악할 수 있었다. 특히 북한이탈주민을 위한 프로그램은 지역사회 내 북한이탈주민의 수가 많으며 정부에서 이를 지원해 주고 있음을 파악할 수 있게 했고, 개인적으로 관심이 가는 사업이었다.
또한 복지관에서 ○○데이케어센터가 운영되는 것은 시에서 지원하는 특수사업으로 보이는데, 내가 살고 있는 지역과는 다른 점이라고 생각하였다. 지역 내 종합사회복지관의 역할을 통해 다양한 욕구를 가진 클라이언트에게 자원 연계와 자원 개발을 통해 서비스가 제공된다는 것을 알 수 있었고, 정부의 복지정책 및 제도가 중요한 기반이 된다는 것도 알 수 있었다. 복지관 시설은 깨끗하고 정리가 잘 되어 있었고, 이정표 표시가 잘 되어 지역주민이 이용하는 데 편리해 보였다.

3) 실습일지

작성 Tip

- **실습일지는 공식문서이자 기록으로서 정확하고 객관적으로 작성해야 한다.** 개인의 주관적 느낌을 적은 일기나 수필이 아니므로, 실습생 소감 부분을 제외하고는 사실(fact) 중심으로 기록한다. 따라서 구어체나 은어를 사용하지 않도록 하고 맞춤법이 틀리지 않도록 주의한다. 또한 자신이 쓴 글을 다시 읽어 보면서 어법에 틀린 부분이 없는지 살펴서 고쳐 쓴다.

- **클라이언트의 이름은 반드시 익명으로 적어 공개되지 않도록 주의한다.** '김○○' 혹은 '△△영' 등으로 한다. 또한 실습지도자 및 직원의 이름과 직책은 정확하게 적어야 한다. 비슷한 발음으로 헷갈릴 수 있으며, 직책에 익숙하지 않아 잊어버릴 수 있으니 반드시 확인하고 적어야 실례가 되지 않는다(예: 김혜은, 김해은 등). 프로그램명도 잘 적어 두었다가 정확한 명칭으로 기록하는 것이 실습생이 실습에 집중하고 있음을 보여 주는 좋은 태도가 된다.

- **기관에서 사용하는 공식 기록 양식 및 용어를 우선적으로 사용한다.** 한국사회복지사협회에서 제공하는 실습 기록 양식이 있으나 기관 고유의 기록 양식이 있다면 기관의 것을 우선 사용하도록 한다. 용어의 경우에도 기관에서 정한 용어가 있으면 해당 용어를 사용한다(예: 환자 → 클라이언트/회원, 클라이언트 → 이용자 등).

- **실습생 소감 및 질문 사항에서는 느낀 점을 자세히 적는다.** 이 내용을 바탕으로 실습지도자는 실습생의 생각과 현재 학습 상황을 파악할 수 있으므로, 실습지도자와 소통할 수 있는 기회로 적극 활용한다. 질문 사항을 작성할 때는 이론이나 지식적인 부분은 가능한 한 최소화하고, 실무 현장에서 배울 수 있는 실천 기술, 경험, 노하우를 중심으로 묻는 것이 좋다. 또한 자기학습이 가능한 현황이나 실태(예: 우리나라의 가정폭력 발생 빈도, 알코올중독 유병률 등)를 묻는 것은 지양하고 실무 중심의 지식(알코올중독 클라이언트와의 관계 형성 시 주의할 점, 지역사회 기관 간의 네트워킹 방법 등)을 물어보는 것이 바람직하다.

- **기관의 정해진 수퍼비전 방식을 따른다.** 정기적인 수퍼비전 시간이나 실습일지를 통해 실습지도자의 조언을 곧바로 받을 수 있다면 이상적이겠지만 바쁜 사회복지 근무 환경상 실습지도가 늦어질 수 있다. 실습지도자의 업무 상황에 따라 매일, 매주, 격주 단위로 공식 수퍼비전을 받을 수도 있지만, 비공식 미팅을 통해 지도받을 수도 있으므로 기관 방식을 따르도록 한다.

표 4-6 실습일지 작성 예시

〈예시 1-1〉

실습일지

1. **실습생명:** ○○○

2. **실습일:** 201○년 ○월 ○일

3. **오늘의 목표:** 기초생활 수급자 관련 문서의 내용을 이해한다.

4. **실습 진행 내용(시간, 내용 등을 중심으로 기록)**

- **09:00~10:00 기초생활 수급자 관련 문서 작성**
  - 기초생활 수급자의 명단에 추가적으로 보충할 개인정보를 입력하는 작업을 하였습니다. 작업 중 개개인의 파일 내용을 보고 상담 내용 및 정보를 보며 기초생활 수급자에 대한 주민센터 업무를 파악하고자 하였습니다.
- **10:00~12:00 기초생활 수급자 가정 방문 동행**
  - 수급자 가정 방문에 동행하였습니다. 두 가정을 방문하였는데 홀로 사시는 할머님과 80세 이상의 부부 어르신 가정이었습니다. 두 가정 모두 경제적·신체적으로 어려움이 있기는 하였으나 심한 정도는 아니었기에 면담에 지장이 없었습니다.
- **13:00~16:00 경로당에 기부 물품 배달**
  - ○○구에 소재한 가게에서 육류를 대량 기부받아서 어르신들께 배달하였습니다. 각 주민센터에서 ○○구청으로 가서 각 지역 경로당 수에 맞춰 가져오고 배달하는 일이었습니다. ○○구에 위치한 12곳의 경로당을 방문하였고, 차량 담당자, 복지 담당자와 함께 일하였습니다. 기부 물품이 무게가 꽤 되어 힘들기는 했지만 어르신께서 좋아하시는 모습을 보고, 수고한다며 음료수를 주셔서 보람을 느꼈습니다.
- **16:00~18:00 여름방학 아동 식권 확인 작업**
  - 여름방학 동안 결식할 수 있는 아동에게 제공하는 식권에 사용 지역 및 주민센터 사회복지사 도장을 2개씩 찍는 일을 하였습니다. 단순 업무였지만 이 일도 주민센터 복지 담당 공무원의 업무인 것을 알았습니다.

5. **실습생 의견(배운 점, 의문사항, 건의 등 포함)**

기초생활 수급자 방문상담에 동행하면서 여러 가지를 느끼고 있습니다. 학교에서 상담 기술에 대해 공부하기는 했지만 실제로 써 보지 않아 느끼지 못했던 것을 사회복지사 선생님들과 동행하며,

선생님들께서 직접 하시는 것을 관찰해 봄으로써 이론이 실제로 어떻게 쓰이는지, 어떠한 것이 이론으로 구성된 것인지 이해하게 되었습니다. 물론 이해하는 것과 활용하는 것은 큰 차이가 있고, 지금 바로 활용할 자신은 없지만 이러한 경험이 곧 나의 밑바탕이 되어 줄 것이라 생각합니다. 기부된 물품을 경로당에 보내 드리는 업무를 하며 힘은 들지만 어르신들의 웃음을 보고 수고한다며 전해 주시는 음료를 마시면서 보람을 느꼈고, 주민의 복지를 위해 사회복지사가 많은 노력을 하고 있다고 생각하였습니다.

6. 실습지도자 의견

주민센터에서 근무하게 되면 아무래도 직접 민원인을 상대하기도 하고, 때에 따라서는 직접 후원 물품을 가정방문하여 전달하게 되는 경우도 많습니다. 이 또한 업무의 연장선상에 있는 부분입니다. 특히 ○○구는 노인 인구가 많아 12개의 경로당이 있습니다. 공문으로만 처리되는 업무가 전부가 아니듯이 후원 물품의 정확한 전달 역시 주민센터 사회복지사 업무의 중요한 부분입니다.

〈예시 1-2〉

실습일지

1. 실습생명: ○○○

2. 실습일: 201○년 ○월 ○일

3. 오늘의 목표: 기초생활 수급자 관련 문서 작성을 완료한다.

4. 실습 진행 내용(시간, 내용 등을 중심으로 기록)

- **09:00~11:00 기초생활 수급자 가정 방문**
  - 사회복지사 선생님의 가정 방문에 동행하여 두 가정을 다녀왔습니다. 그중 한 가정의 방문을 통해 복지정책을 다시 생각해 보게 되었는데, 그 가정은 한부모 가정으로 최근 정부 지원에서 제외된 가정이었습니다. 실제로 경제적 어려움을 겪고 있었는데 악용을 막기 위한 법적 근거로 인해 제외 대상이 되어 도움을 줄 수가 없었습니다. 이로 인해 법의 보완 방법에 대해 생각해 보게 되었습니다.
- **11:00~12:00 여름방학 아동 식권 확인 작업**
  - 어제에 이어 다 끝내지 못한 식권 확인 작업을 계속했습니다.
- **13:00~14:00 기초생활 수급자 관련 공문서 및 서류 설명 수업**
  - 실습지도자 선생님께 기초생활 수급자의 공문서 작성법에 대해 배웠습니다.
- **14:00~18:00 기초생활 수급자 관련 문서 작성**

- 기초생활 수급자 명단에 추가적으로 보충할 개인정보를 입력하는 작업을 하였습니다. 작업 중 개개인의 파일에서 상담 내용과 정보를 보며 기초생활 수급자에 대한 주민센터 업무, 서비스 등을 파악해 보고자 하였습니다.

5. 실습생 의견(배운 점, 의문 사항, 건의 등 포함)

며칠간 계속해 왔던 수급자 명단에 대한 문서 작성이 끝나서 뭔가 끝냈다는 성취감을 얻었습니다. 제가 한 일은 단순히 명단을 보고 필요한 부분을 추가하여 작성하는 것뿐이었지만 수백 명의 수급자에 대한 문서를 일일이 확인하고 개개인을 전체적으로 살펴봄으로써 많은 정보를 알 수 있었고, 또 느낄 수 있었습니다. 학교에서 배우는 것과는 달리 현실적인 상황과 문서를 접하면서 직접 이해할 수 있었던 것이 이번 일을 하며 얻은 가장 큰 경험이라 생각합니다. 많은 복지 정책이 수립·제공되고 있지만 현실적으로는 정책을 악용하는 이들이 있으며, 그런 폐단을 막기 위한 정책도 필요함을 알 수 있었습니다. 사회복지정책으로 인해 피해를 보거나 제외되는 어려운 이들도 생각하게 되었고, 완벽할 수는 없겠지만 실제 어려움을 겪는 이들을 위해 정책이 수정·보완되어야 한다고 생각하였습니다.

6. 실습지도자 의견

오늘은 실제로 민원인이 제출한 서류와 그것을 보관·관리하는 방법을 익혀 보았습니다. 사회복지 공무원은 일반 행정직과 달리 상담 업무도 많고 아무래도 생계비와 관련된 업무를 수행하기 때문에 다른 직렬보다 더 많은 고질적·악성 민원을 상대할 일이 많습니다. 이런 부분은 고스란히 스트레스로 전달되는 경우가 많습니다. 이런 것을 극복하기 위한 나름의 방안을 생각해 보는 것도 사회복지직을 준비하는 과정 중의 하나일 것이라고 생각합니다.

〈예시 2-1〉

<table>
<tr><th colspan="4">실습일지</th></tr>
<tr><td rowspan="2">일 시</td><td rowspan="2">201○년 ○월 ○일 (월)요일</td><td>실습지도자</td><td>○○○ 팀장님</td></tr>
<tr><td>실습생</td><td>○○○</td></tr>
<tr><td>실습 내용
(구체적으로)</td><td colspan="3">• 9:00~11:00 전체 모임: 실습지도자 선생님 및 동료 실습생들과 첫 만남을 가졌다. ○○○ 팀장님께서는 실습생을 A조와 B조로 나눈 후 실습 1주차에 진행할 시간표를 설명하셨다. 이후 ○○병원에서 근무하는 직원 분들과 인사를 나누었고, 5층과 6층 병동을 둘러본 뒤 다음 일정을 준비했다.
• 11:00~12:30 스터디: ○○○ 팀장님께서 나눠 주신 『온전한 생활』이라는 책을 읽었다. 이 책은 단주를 하면서 겪을 유혹과 그것을 이겨 내기 위한 방법에 대한 내용을 담고 있었다.
• 12:30~13:30 점심시간: 두 팀으로 나누어 점심식사를 했다.
• 13:30~14:30 미술치료: ○○○ 교육 수간호사님께서 진행하셨다. 간호사님께서는 환자분들에게 간단한 안부를 물어보고 자유롭게 그림을 그려 보라고 말씀하셨다. 환자분들의 그림을 벽에 게시한 뒤 돌아가면서 그림에 대한 설명을 해 보도록 하고 환자가 단주에 대한 동기를 생각해 볼 수 있도록 유도했다.
• 14:30~15:20 12단계 12전통: ○○○ 팀장님이 진행하시는 프로그램을 참관했다. '나를 온전히 알고 나를 사랑하자. 나를 open하자.'를 목표로 돌아가면서 환자분들이 각자 자신의 장점 다섯 가지를 말하는 시간을 가졌다.
• 15:20~15:50 산책: 5명의 환자분과 함께 병원 옆의 공원에 가서 바깥 공기를 쐬며 이야기를 나누었다.
• 16:00~17:00 스터디: 「12단계 12전통」의 4단계 부분을 읽고 숙지했다.
• 17:00~18:00 수퍼비전 및 종례: 앞으로의 일정에 대해 한 번 더 설명해 주셨고, 환자분들을 대할 때의 태도 등에 대해 알려 주셨다. 그리고 오늘 하루를 보내면서 느낀 점에 대해 소감을 나누고 마무리했다.</td></tr>
<tr><td>실습생 의견
(배운점,
의문 사항,
건의 등)</td><td colspan="3">실습 첫날이라 기대감뿐만 아니라 긴장도 되었다. 하지만 병원 분위기도 좋고 함께하게 된 실습생 분들과도 금방 친해지게 되어서 안정적인 마음가짐으로 실습에 참여할 수 있을 것 같다.
환자분들이 프로그램에서 의견을 나눌 때 생각보다 부정적인 사고를 많이 하고 있다는 것이 놀라웠다. 장점을 다섯 가지씩 말하기까지 자신의 부족한 면을 더 부각시키는 것 같은 느낌을 받았다. 그리고 한 환자분께서 "알코올 의존은 병이 아닌데 내가 알코올 때문에 입원을 한 것이 답답하고 허무하다."고 말씀하시는 것을 보고 어떻게 하면 진정한 병식을 갖도록 도울 수 있을 것인지 궁금해졌다.
산책을 할 때 처음으로 환자분과 이야기를 나눴는데, 적극적으로 경청하고 반응</td></tr>
</table>

실습생 의견 (배운점, 의문 사항, 건의 등)	해 드리니 즐거워하셔서 기분이 좋았다. 하지만 팀장님께서 말씀하신 것처럼 경각심을 잃지 않도록 조심해야겠다.
실습지도자 조언	실습 첫날이라 많이 긴장했지요? 알코올 클라이언트만 있는 병원이므로 정신보건 및 알코올 분야에 대해 학교에서 배운 지식을 현장에 잘 적용해 보고 많은 사례를 통해 실무를 익혀 가길 바랍니다.

〈예시 2-2〉

실습일지			
일 시	201○년 ○월 ○일 (화)요일	실습지도자	○○○ 팀장님
		실습생	○○○
실습 내용 (구체적으로)	• **9:00 ~10:00 전체 모임:** 실습생 팀장이 팀원들의 일지를 모아서 제출하였고, ○○○ 팀장님께서 오늘 하루 진행할 시간표를 장소 소개와 함께 설명해 주셨다. • **10:20~11:00 전체 회진:** ○○○ 원장님과 ○○○ 팀장님, 수간호사님과 함께 6층 병동을 라운딩했다. 환자분들이 회진 시간에 맞춰 텔레비전을 끄고 자세를 바르게 하고 앉아 있었다. 원장님께서는 환자분들의 건강 상태와 불편한 점에 대해 질문하셨다. 이후 ○○○ 팀장님께서 팀 접근에 대해 설명해 주셨다. 의사, 간호사, 사회복지사가 한 팀을 이루어 환자의 치료가 이루어지는데, 이때 사회복지사는 자신감을 가져야 하며, 의사, 간호사와 함께 환자의 상태를 공유해야 한다고 하셨다. 실습생인 우리도 준 치료자의 입장에서 실습에 임하라는 말씀을 해 주셨다. • **11:00~11:40 알코올 교육:** 5층 병동으로 내려가 ○○○ 간호과장님께서 진행하시는 알코올 교육을 참관하였다. 중독 사고를 주제로 술로 인한 중추신경계의 이상에 대해 환자분들의 눈높이에 맞게 설명해 주셨다. 변연계에 이상이 생기면 기억력 저하, 충동 조절 불능 등을 초래하고, 부정적인 사고를 하게 된다고 하셨다. • **12:30~13:20 점심시간:** 두 팀으로 나누어 점심식사를 했다. • **13:30~14:30 가족교육 및 상담:** 사회복지실에서 이루어졌고 총 여덟 분이 참석하셨다. ○○○ 사회복지과장님께서 사회를 보시고 교육은 ○○○ 간호과장님께서 진행하셨다. 아침에 들은 환자들을 대상으로 한 알코올 교육과 주제 및 내용은 같았지만 가족을 대상으로 해서 그런지 교육의 초점이 환자의 상태를 병이라고 간주하고 퇴원했을 때 1년 정도 지지적인 태도를 취해 줄 것을 강조하였다. 교육이 끝난 후에는 질문 시간을 가졌고, 이후의 시간은		

실습 내용 (구체적으로)	가족분들이 개별적으로 주치의 및 사회복지사와 면담하는 시간을 갖기로 하고 마무리했다. • **14:30~15:30 스터디:** 실습생들과 다함께 ○○○ 팀장님께서 나눠 주신 일지 피드백을 공유했다. 그리고 AA모임이 어떤 것인지 서로 알고 있는 내용을 주고받았다. • **16:00~16:50 스트레칭 요법:** 사회복지사 선생님 한 분이 스트레칭 요법을 진행하셨다. 조용한 노래와 함께 호흡을 가다듬으면서 시작했는데, 스트레칭 프로그램은 앞으로 우리가 직접 진행해야 하기 때문에 사회복지사 선생님을 보고 스트레칭의 순서와 동작을 익혔다. 스트레칭 후에 환자분들에게 기분과 느낌이 어떤지 이야기해 보게 하는 시간을 가졌다. 한 환자분이 좁은 공간에서 전신운동이 된다는 것이 신기하고 좋다고 하셨다. • **5:20~6:00 수퍼비전 및 종례:** 서로 돌아가면서 오늘 느낀 점을 나누었다. ○○○ 팀장님께서 환자에게 직면하는 것은 충분한 관계 형성이 되었을 때 부드럽게 하는 것이라고 설명해 주셨다.
실습생 의견 (배운점, 의문 사항, 건의 등)	일정에서 놓치는 것이 없게 실수하지 않으려고 신경 쓰다 보니 긴장한 하루였다. 라운딩을 하면서 환자들은 정말 다양한 환경에서 살아 왔고, 병원에 입원하게 된 상황도 다르기 때문에 치료에 있어서 개별화된 심리사회적 접근이 필요하다는 것을 다시 한 번 느끼게 되었다. 또한 소극적이고 사람들과 잘 어울리지 못하는 사람에게 폐쇄병동에서의 생활이 많이 답답하고 외로울 것 같다는 느낌을 받았다. 한 프로그램을 마치고 돌아올 때마다 A팀 실습생들과 서로 자신이 참관했던 프로그램에 대해 느낀 점 및 알게 된 사실을 이야기했는데, 서로 같은 것을 보고 들어도 다른 생각을 한다는 것이 놀라웠으며 다른 사람들의 생각을 들을 수 있어서 좋은 시간이었다. 마지막으로 팀장님께서 '지도하는 대로 성실하게 잘 따라오면 상담과 프로그램 진행을 문제없이 잘할 수 있다.'고 격려해 주셨을 때 안심이 되고 위로가 되었다. 실습 이틀째가 지나고 있다. 초심을 잃지 않고 더 열심히 해야겠다고 다짐했다.
	Q. 원장님께서 회진하실 때 환자들에게 몸이 굳는 증상이 나타나는지 확인하셨는데 이것은 왜 확인해야 하는지 궁금합니다. Q. 프로그램을 진행할 때 환자들의 느낌과 기분이 부정적이라면 개별 면담을 진행하나요?
실습지도자 조언	회진은 매일 이루어지는 일정으로, 환자들의 신체적·심리적 상태를 주의 깊게 평가하기 위함입니다. 집단프로그램을 실시할 때도 개별 면담을 병행해야만 환자들의 상태를 파악할 수 있고, 집단프로그램의 효과성도 최대화할 수 있습니다.

4) 프로그램 계획서

작성 Tip

- **프로그램의 제목은 쉽고 친근하게 짓는다.** 프로그램 제목은 홍보하기 용이하고, 서비스 대상자가 친근하게 느낄 수 있는 쉽고 재미있는 이름을 생각해 본다. 학문적이거나 전문적인 용어보다는 대상자가 이해하기 쉽고 오래 기억할 수 있는 친근한 용어로 짓는 것이 좋다.

- **프로그램의 목적과 목표 설정에 주의한다.** 목적은 프로그램을 실행하여 성취하고자 하는 포괄적 형태의 성취 수준에 대한 추상적 기술로서, 목표의 상위개념이다. 반면, 목표는 목적을 달성하기 위한 구체적인 개념으로서 실현 가능하며 측정 가능해야 한다(김학주, 2004). 예를 들어, 다음의 기록에서 볼 수 있듯이 목적이 '부모-자녀 간 유대감 형성'이라면 목표는 '가족 간의 대화 시간 늘리기'가 될 수 있다. 결과 목표와 하위목표의 설정도 목적과 목표의 개념으로 이해하고 작성한다.

- **평가지표는 구체적이어야 하며, 기존에 개발된 척도를 활용한다.** 평가지표에 사용할 수 있는 자료로는 클라이언트에 대한 상담 기록, 일일 프로그램 기록지, 출석부, 활동일지, 참여자의 태도, 지식, 기술, 의도, 행동의 구체적인 변화 등을 살펴볼 수 있다(이봉주, 김기덕, 2008). 평가 방법을 익히고 현장에 적용할 수 있기 위해서는 사회복지학 교과과정 중 사회복지조사론과 자료분석론 수업을 듣고 실습을 시작하면 좋다. 기존에 개발된 척도는 사회복지척도집(예: 『실천가와 연구자를 위한 사회복지척도집』[서초구립 반포종합사회복지관, 서울대학교 실천사회복지연구소, 2007, 서울: 나눔의집]) 등을 참고하도록 한다.

표 4-7 **프로그램 계획서 작성 예시**

프로그램 계획서

1. 사업명: 대화가 필요해

2. 사업의 필요성

1) 대상자의 욕구 및 문제점

청소년상담지원센터가 실시한 청소년의 행복에 대한 인식조사 결과에 따르면 청소년 행복의 조건 1순위는 가정으로 조사되었고, 청소년은 인생에서 가족이 가장 중요하며, 가정이 화목하다고 느낄 때 행복을 느낀다고 답했다. 하지만 청소년이 가정을 중요하게 인식하고 있는데도 정작 부모와 함께 지내는 시간은 적을 뿐 아니라(부모와의 대화 시간이 하루 평균 17분 이하라고 응답한 청소년이 64%) 대화의 내용도 일상적인 대화나 학습과 관련된 내용이 70% 이상인 것으로 나타났다. 권재환과 이은희(2005)는 부모-자녀 간 의사소통이 자녀의 문제행동과 충동성에 영향을 미친다고 보고하였고, 한송이와 윤혜미(2010)는 부모-자녀 간 의사소통이 자녀가 또래와 대인관계를 맺는 의사소통 기술의 기초가 된다고 보고하여 청소년 자녀와 부모 간 대화의 중요성을 강조하였다.

2) 지역 환경적 특성

복지관이 속해 있는 ○○시의 경우 전체 158,958세대(421,105명) 중 초·중·고등학교에 재학 중인 인구는 51,966명(초등학생 33,041명, 중학생 18,925명)으로 나타났다. 이 중 ○○구에 거주하고 있는 가구가 4,693세대(12,076명)로 초·중·고등학교에 재학 중인 인구는 954명(초등학생 590명, 중학생 364명)으로 집계되고 있다(○○시 기본 통계, 2011)

3) 경험적 근거

복지관 홈페이지 및 관련 보고서 등 문헌을 통해서 현재 진행 중인 사업 및 평가 결과 등을 찾아보았는데 부모-자녀 간 의사소통과 관련된 프로그램이 진행되었던 사례가 없고, 과거에 비슷한 프로그램이 진행되었는지 확인할 수 없었다.

4) 본 사업과 관련된 지역 복지자원 현황

현재 ○○시 내에는 총 ○개의 종합사회복지관이 있고, ○개의 건강가정센터가 있다. ○○구의 경우는 ○개의 종합사회복지관만 있다. 지역사회의 복지 관련 기관에서는 부모-자녀 간 원활한 의사소통을 위한 서비스를 제공하는 기관이 없었다. 부모-자녀 간 만족도 조사 결과로 미루어 볼 때 부모-자녀 간 원활한 의사소통을 위한 사회복지 서비스 지원이 필요한 상황이다.

<table>
<tr><th colspan="7">사업 개요</th></tr>
<tr><td colspan="7">※ 필히 한 쪽으로 작성</td></tr>
<tr><td>기관명
(신청기관명)</td><td colspan="6">○○종합사회복지관</td></tr>
<tr><td>사업 목적</td><td colspan="6">대화가 필요해(가족 활동을 통한 부모-청소년 자녀 의사소통 프로그램)</td></tr>
<tr><td>사업 기간</td><td colspan="3">201○년 9월~201○년 1월(5개월)</td><td>서비스 지역</td><td colspan="2">○○시 ○○구</td></tr>
<tr><td>서비스 대상</td><td>부모-청소년 자녀 가족</td><td>실인원수</td><td>24명</td><td>연인원수</td><td colspan="2">432명</td></tr>
<tr><td>서비스 단가</td><td colspan="3">_____원 (산출식 = 총사업비 ÷ 실인원)</td><td>투입인력</td><td colspan="2">3명</td></tr>
<tr><td>사업 목적</td><td colspan="6">1. 부모-청소년 자녀 서로 알아가기
2. 부모-청소년 자녀 간의 가족 유대감 형성 및 증대
3. 부모교육을 통해 올바른 양육법, 스트레스 관리법 습득</td></tr>
<tr><td>성과 목표</td><td colspan="6">① 부모-자녀 간 성격유형 알기
② 가족 간 의사소통 시간(평균 30분 이상) 늘리기
③ 가족 간 유대감 형성 및 증대하기(관계 척도 전후 2점 이상 향상)
④ 자녀 양육 능력 향상(자기평가 전후 2점 이상 향상)
⑤ 자녀의 스트레스 관리 능력 향상(스트레스 척도 2점 이상 향상)</td></tr>
<tr><td rowspan="3">주요 사업 내용 요약
(프로그램명 및 주요 시행 내용)</td><td>세부 프로그램명</td><td colspan="5">주요 내용</td></tr>
<tr><td>역할 바꾸기</td><td colspan="5">부모-자녀 역할 바꾸기 프로그램 진행</td></tr>
<tr><td>애정표현</td><td colspan="5">매일 한 번 이상 가족 간 애정표현하기</td></tr>
<tr><td>※성과 목표별 주요 프로그램 한 개씩 기재</td><td>부모-자녀 교육</td><td colspan="5">부모: 자녀와 대화하는 법 교육
자녀: 스트레스 관리 능력 증진 교육</td></tr>
<tr><td>예산</td><td>총사업비</td><td colspan="2">원</td><td>신청 금액</td><td colspan="2">원</td></tr>
<tr><td rowspan="2">신청 금액의 세부 내역</td><td rowspan="2">인건비</td><td>원</td><td rowspan="2">사업비</td><td>원</td><td rowspan="2">관리 운영비</td><td>원</td></tr>
<tr><td>%</td><td>%</td><td>%</td></tr>
</table>

3. 서비스 지역, 서비스 대상 및 실인원수

1) 서비스 지역: ○○시
2) 서비스 대상: ○○시 ○○구의 초등학교 고학년 및 중학생 자녀를 둔 가족
3) 서비스 대상 선정 기준 및 방법(과정)
   - ○○구의 초등학교 고학년 및 중학생 자녀를 둔 가정 중 부모-자녀 관계에 어려움이 있는 가족으로 주민센터, 복지관 등의 사회복지사가 의뢰한 가족
   - 프로그램 참여 의사 확인(부모-자녀 모두 동의해야 함.)
   - 대상자 인원이 초과될 경우 선착순으로 선발하고 나머지는 대기자 명단에 올림.

4) 실인원수

대상 구분	서비스 대상자 산출 근거	단위수(명)
① 일반 대상	○○시 ○○구의 초등학교 고학년 및 중학생 자녀를 둔 가족	2,800명
② 위기 대상	○○시 ○○구의 초등학교 고학년 및 중학생 자녀를 둔 가족 중 부모-자녀 관계에 어려움이 있는 가족	140명
③ 표적 대상	○○시 ○○구의 초등학교 고학년 및 중학생 자녀를 둔 가족 중 부모-자녀 관계에서 문제가 발생했거나 발생 위기에 있는 가족	24명
④ 실인원수	○○시 ○○구의 초등학교 고학년 및 중학생 자녀를 둔 가족 중 부모-자녀 관계에서 문제가 발생했거나 발생 위기에 있는 가족 중 복지관에서 프로그램을 제공할 수 있는 적정 인원	24명

4. 사업 목적 및 목표

목 적	산출 목표	성과 목표
1. 부모-자녀 서로 알아가기	1-1. 부모-자녀 성격유형을 알아볼 수 있는 검사 실행	부모-자녀 간 성격유형 알기
	1-2. 부모-자녀 역할 바꾸기 프로그램 진행	가족 간 의사소통 시간(평균 30분 이상) 증가
	1-3. 부모-자녀 간 대화 습관 3회 점검	

(계속)

목 적	산출 목표	성과 목표
2. 부모-자녀 간 가족 유대감 형성 및 증대	2-1. 분기별 가족 모두가 함께 하는 가족 나들이 프로그램 시행	가족 간 유대감 형성 및 증대(관계척도 전후 2점 이상 향상)
	2-2. 부모-자녀 상담을 통한 심리적 유대감 형성	
	2-3. 하루 한 번 이상 가족 간 애정표현하기 프로그램 시행	가족 간 유대감 형성 및 증대(관계척도 전후 2점 이상 향상)
3. 부모-자녀 교육을 통한 올바른 양육법 및 스트레스 관리법 습득	3-1. 부모교육 프로그램 시행	자녀 양육 능력 향상
	3-2. 자녀교육 프로그램 시행	자녀의 스트레스 관리 능력 향상(스트레스 척도 2점 향상)

5. 사업내용

1) 세부사업내용

성과 목표	프로그램명	활동(수행방법)	시행시기	수행인력	참여 인원	시행횟수 시간
부모-자녀 간 성격유형 알기	MBTI 검사	MBTI 성격 유형 검사를 통해 부모-자녀 간 성격 유형을 올바르게 알기	1주차	사회복지사 1명 검사자 1명	24명	1회 3시간
가족 간 의사소통 시간 증가	역할 바꾸기	부모-자녀 역할을 바꿔 상황극 진행(가족당 30분)	2, 7, 12, 16주차	사회복지사 1명 자원봉사자 2명 강사 1명	24명	1회 3시간 4회

(계속)

성과 목표	프로그램명	활동(수행방법)	시행시기	수행인력	참여 인원	시행횟수 시간
가족 간 의사소통 시간 증가	대화 습관 점검	- 듣고 싶은 말 / 듣기 싫은 말에 대해 이야기 나눈 후 듣고 싶은 말은 해 주고, 듣기 싫은 말은 하지 않도록 함. - 대화에 방해되는 말투에 대해 이야기 나누고 점검함.	3, 8, 13, 17주차	사회복지사 1명 자원봉사자 2명	24명	1회 2시간 3회
가족 간 유대감 형성 및 증대	가족 나들이	가족 모두가 참여하여 계획하고 나들이를 감.	4, 20주차	-	24명	2회
	부모-자녀 상담	가족상담 시행(가족당 40분)	5, 10, 15주차	사회복지사 1명 상담자 1명	24명	1회 4시간 3회
	애정표현	매일 한 번 이상 가족에게 애정 표현하기 (애정달력에 확인)	매일	-	24명	
자녀 양육 능력 향상	자녀와 대화하는 법	전문 강사를 초빙하여 자녀와 대화하는 방법에 관한 교육 시행	6, 14주차	사회복지사 1명 자원봉사자 2명 강사 1명	12명	1회 2시간 2회
자녀 스트레스 관리 능력 향상	스트레스 관리 능력 키우기	전문 강사를 초빙하여 스트레스 관리법 교육	6, 14주차	사회복지사 1명 강사 1명	12명	1회 2시간 2회

2) 목표에 대한 평가방법

성과 목표	목표에 대한 평가방법			
	성과지표	자료원	자료수집방법	자료수집시기
부모-자녀 간 성격유형 알기	• MBTI 성격유형 검사 결과	MBTI 연구소	MBTI 성격 유형 검사 시행	1주차
가족 간 의사소통 시간 (평균 30분 이상) 증가	• 의사소통 시간 확인	복지관 자체조사	-	프로그램 전, 10, 20주차
가족 간 유대감 형성 및 증대(관계척도 전후 2점 이상 향상)	• 가족 나들이 만족도 • 부모-자녀 관계척도 전후 점수 • 애정 달력	복지관 자체 조사, 애정달력, 관계척도	관계척도 (김계순, 2007)	나들이 진행 후 (4, 9, 15주차), 프로그램 전 (10, 20주차)
자녀 양육 능력 향상(자기평가 측정 점수 2점 이상 향상)	• 자녀와 대화법 교육 프로그램간담회 진행 • 부모 자가보고 척도지	복지관 자체조사	간담회를 통해 평가서 작성, 설문지 검사	6, 14주차
자녀 스트레스 관리 능력 향상 (스트레스 척도 2점 이상 감소)	• 스트레스 척도 사전-사후 점수	스트레스 척도지	사전-사후 검사 시행	6, 14주차

3) 담당인력 구성

이름	담당부서 /직위	투입시간 (단위:12주)	경력(년)/주요업무	자료수집시기
○○○	복지사업팀 사회복지사	37시간	- △△복지관 3년	사회복지사 1급
○○○	복지사업팀 부장	5시간	- △△복지관 3년 / 청소년복지담당 - ○○종합사회복지관 7년	사회복지사 1급 청소년지도사 2급
○○○	자문위원	3시간	- ○○대학교 사회복지학과 교수 - ○○종합사회복지관 자문위원 2년	

4) 사업 진행 일정

내용 \ 기간	7월	8월	9월				10월				11월				12월				1월				2월
			1	2	3	4	5	6	7	8	9	10	11	12	13	14	15	16	17	18	19	20	
세부계획 수립	○	○																					
대상자 선정 및 동의	○	○																					
MBTI 검사			○																				
역할 바꾸기				○					○					○				○					
대화 습관 점검					○					○					○				○				
가족 나들이						○																○	
부모-자녀 상담							○					○					○						
애정표현			○	○	○	○	○	○	○	○	○	○	○	○	○	○	○	○	○	○	○	○	
자녀와 대화하는 법								○								○							
스트레스 관리 능력 키우기								○								○							
사업평가, 보고서 작성																							○

5) 홍보 계획

대상	홍보 방법 및 횟수	활용 매체	비 고
지역사회주민	현수막, 리플릿 등의 홍보물 제작 1회, 지역 주민 대상 사업 설명회 1회, SNS 홍보 3회	리플릿, 홍보지, 현수막, 설명회, SNS	
타 복지기관	홈페이지 게시판 혹은 이메일로 사업 소개 2회	인터넷	
지방자치단체	○○구 주민센터 4회 방문, 리플릿 수시 제공	리플릿	

※ 사업 관련 홍보 및 제작과 관련하여 사회복지공동모금회의 배분 사업임을 반드시 명시해야 함(「사회복지공동모금회법」 제20조 제3항).

6) 지역자원 활용 계획

홍보 방법 및 횟수	활용 매체	비 고
○○대학교 사회복지학과	대학생 자원봉사자(2명) 연계	
○○구 주민센터	본 사업에 대한 홍보	
○○심리상담센터	상담 프로그램 진행자(1명) 역할극 자원봉사자(1명)	

6. 예산 계획: (생략)

7. 향후 운영 계획

- 사업 종료 시점에서 프로그램 참여자를 대상으로 서비스 욕구 재조사 후 지속 및 확대 여부 검토
- 사업 종료 시점에서 프로그램 봉사자를 대상으로 피드백 실시 후 프로그램 개선
- 부모-자녀가 함께하는 희망 나눔 봉사 실시 및 개인(기업) 기부자 발굴을 통한 후원금 확보

5) 사회복지정책 분석 보고서

작성 Tip

- **최근의 자료를 활용하여 작성한다.** 사회복지 관련법이나 정책, 제도는 자주 개정 및 변경되므로 참고하는 자료가 최신의 자료인지 확인한다. 관련 정부부처 홈페이지를 적극 활용하면 최신의 실용적인 자료가 많이 있다. 이 밖에 관련 전공서적, 논문, 보고서, 신문 기사 등을 참고한다.

- **인용한 부분에 반드시 출처를 표시한다.** 다른 서적이나 인터넷에서 가져온 글에는 반드시 출처를 내각주(예: 김○○, 2013)로 밝히고, 보고서 마지막에는 참고한 문헌을 가나다 순으로 모두 정리한다(성명, 년도, 제목, 출판사 순으로 정리). 주의할 사항으로는 인터넷 검색을 통해 발견한 자료의 경우 신뢰성 및 그 출처가 명확하지 않으므로 무분별한 짜깁기는 지양해야 한다.

- **사회복지정책 분석 보고서 과제의 목적을 이해한다.** 대부분의 사회복지 학부 실습생은 직접 실천(direct-service) 기관에서 실습을 하게 되는데, 실습지도자가 사회복지정책 분석을 하라고 하는 이유는 실천과 정책이 매우 관련성이 높으며, 효과적인 실천을 하기 위해 관련 정책에 대한 이해가 필수적이기 때문이다. 따라서 현장에서의 정책 실효성 분석이나 정책의 개선 방향 고안을 위해서는 평소 비판적 사고(critical thinking)를 하는 훈련이 필요하다.

표 4-8 사회복지정책 분석 보고서 작성 예시

사회복지정책 분석 보고서

분석자(실습생)명: ○○○

정 책 명	양육수당
관련 법규/지침	「영유아보육법」
주무부서	보건복지부 보육사업기획과

1. 문제 제기 및 분석 목적

2013년 3월부터 영유아 양육수당이 해외 체류자에게까지 지급되고 있다. 이전에는 만 0~2세 차상위 계층에게만 지원해 왔는데, 만 0~5세 전 계층으로 확대되면서 양육수당을 받고자 하는 해외 체류 부모의 수가 늘어나고 있다고 한다. 양육수당정책 분석을 통해 정책을 둘러싼 윤리적 논쟁을 살펴보고 비판적 대안을 제시하고자 한다.

2. 분석한 정책의 주요 내용

- 해외 체류 중인 한국국적(이중국적 포함)의 만 0~5세 영유아에게도 양육수당 제공
- 이전에 만 0~2세 차상위 계층만 지원하던 것을 만 0~5세 전 계층으로 확대되었고, 해외 체류 기간 제한(90일 미만) 규정이 없어짐.

3. 자료수집 및 분석방법

인터넷, 보건복지부 홈페이지

4. 분석 결과 논의

1) 정책 목표 분석

2013년 3월부터 대한민국 국민임에도 부모의 해외지사 파견, 유학 등으로 인해 해외에 체류 중인 영유아에게 양육수당을 지급하지 않는 것은 불합리하다고 하여 보편적 복지의 이념으로 대한민국 국민이라면 만 0~5세 전 계층에게 양육수당을 제공하도록 정책이 바뀌었다. 보건복지부에서는 정책의 변화로 인해 재외국민의 권리 보장과 영유아 양육에 대한 국가의 역할 및 책임을 강화하는 계기가 될 것이라고 하였다.

2) 정책이 추구하는 가치 분석

보편주의와 선별주의 가치의 논의가 필요하다.

3) 급여 대상 분석

해외 체류 기간이나 지역에 상관없이 자녀가 만 0~5세에 해당하면 양육수당을 제공하고 있다. 이에 따라 해외 현지 국적만 유지하던 부모들이 서둘러 한국국적을 취득하기도 하고 몇몇은 한국행을 택하기도 한다고 한다. "단돈 몇십만 원 받으려고 비싼 비행기 요금을 들이면서까지 한국에 가려니 부담이 이만저만이 아니다."라고 불만을 털어놓긴 하지만 5년 동안 많게는 수백만 원의 현금을 받을 수 있어 투자할 만하다는 의견도 있다고 한다.

4) 급여의 적절성 분석

현재 우리나라에 거주하고 있는 영유아에게 지급되는 양육수당도 부족하여 전국 지자체에서는 곧 양육수당이 고갈될 것이라고 보고 있는 상황으로, 해외에 있는 모든 영유아에게까지 양육수당을 지급해야 하는 것인지에 대한 고찰이 필요하다.

양육수당 제도가 우리나라보다 먼저 자리 잡은 영국 등 몇몇 국가를 제외하면 유럽에서는 대부분 해외 거주 자녀에게 양육수당을 지급하지 않는다고 한다.

몇몇 전문가는 독일에서 실시하는 '킨더겔트'라는 제도를 설명하면서 우리나라도 이런 제도가 실시되어야 한다고 보고 있다. 전 계층을 대상으로 양육수당을 지급하는 이 제도는 이중 수령을 막기 위한 것이다. 독일은 이 제도에 따라 외교관과 군인을 제외하고 해외에서 6개월 이상 머물면서 세금을 내지 않으면 양육수당 지급을 중단하고 있다고 한다. 이처럼 우리나라도 해외 거주자의 양육수당 이중 수령을 막고 복지예산의 부족 문제를 해결하기 위한 여러 방안의 모색이 필요하다.

5) 급여의 전달 체계 분석

영유아의 부모는 양육수당을 받기 위해서 '복지로' 사이트를 통해 혹은 주소지 관할 주민센터에 찾아가 수당을 신청한다. 신청을 통해 매달 정부에서 부모 또는 아동 명의의 통장으로 입금된다.

6) 재정 분석

해외 거주자에게도 양육수당을 지급하면 아이를 양육하는 데 있어 경제적 부담이 어느 정도 줄어들겠지만 저소득층이 아닌 계층에게도 양육수당을 지급해야 하는지 논의가 필요하다.

5. 관련 정책과 관련한 주요 이해당사자의 입장 분석: (생략)

6. 분석한 정책의 개선 방향 및 전망: (생략)

7. 총평

양육수당 제도로 인해 많은 부모가 어느 정도 경제적 부담이 줄어 이 제도에 대해 만족감을 가지고 있을 것이다. 그러나 얼마 가지 못해 전국 지자체의 양육수당이 고갈될지도 모른다는 우려가 있다. 양육수당 고갈 문제와 해외 거주자에게도 양육수당을 지급하는 문제에 대해 그 지급 대상의 조건을 세부적으로 만들어 지급하는 것이 필요하다. 제도가 변경되기 전에는 차상위 계층과 체류 기간 제한이라는 조건이 있었다. 또 앞서 언급한 유럽 선진국의 제도처럼 대상자 제한을 두어야 한다고 생각한다.

6) 사례관리 계획서

작성 Tip

- **클라이언트의 이름 및 관련 정보는 비밀이 보장되도록 주의한다.** 사례관리 관련 기록에는 클라이언트의 이름이나 신상, 가족사항 등의 개인 정보가 담겨 있으므로 최대한 비밀이 보장될 수 있도록 주의한다. 예를 들어, 학교에 제출하는 기록에 이름은 '박○○', 주소지는 '○○구 ○○로' 등과 같이 표기한다.

- **클라이언트의 약점뿐만 아니라 강점도 최대한 찾아본다.** 사회복지기관에 의뢰되는 클라이언트는 만성적이고 복합적인 어려움에 처해 있는 경우가 많아 실습생들은 클라이언트의 강점을 찾기가 쉽지 않다고 한다. 강점 관점에 대한 이해와 함께 평소 강점 관점으로 상황을 바라보는 훈련을 해 두면 기록할 때 도움이 된다.

- **욕구진술은 클라이언트, 의뢰자(가족, 이웃 등), 사례관리자의 시각으로 각각 기술해 본다.** 한 사례에서 클라이언트와 의뢰자의 욕구가 다를 수 있고, 사례를 담당하는 사례관리자의 욕구가 다를 수 있다. 클라이언트, 의뢰자, 사례관리자의 욕구를 각각 기술해 보면 상황을 보다 잘 이해할 수 있고, 개입 목표를 무엇으로 설정해야 할지 파악이 용이해진다.

- **결과 목표, 세부 목표, 표적 체계의 작성 방법을 익힌다.** 결과 목표와 세부 목표는 목적과 목표의 개념으로 이해하면 쉽다. 최종적으로 달성해야 하는 상태를 결과 목표에 쓰고, 결과 목표를 이루기 위해 단기적으로 방법이 될 것을 세부 목표로 설정한다.

- **서비스 내용은 구체적으로, 최신의 자원을 활용하여 쓴다.** 실제로 목표를 달성하기 위해 제공되는 서비스에는 지역사회의 다양한 자원을 소개하고 연계해야 할 것이다. 이때 서비스나 프로그램 등은 구체적으로 작성해야 하고, 서비스는 종결되거나 마감된 것이 아닌 현재 활용 가능한 최신의 자원을 적어야 한다.

표 4-9 사례관리 계획서 작성 예시

사례관리 계획서

실습생명: ○○○

클라이언트명	○○○	성별	여	조사일	201○년 ○월 ○일
주소	○○구 ○○동	전화번호	○○○-○○○-○○○○	작성일	201○년 ○월 ○일
직업	학생	학력	고등학교 재학	연령	18세
의뢰 경위	재가복지담당 사회복지사 의뢰	경제 상태	□ 일반 □ 저소득 ■ 수급자		

1. **일반적인 사항**

가계도	생태도
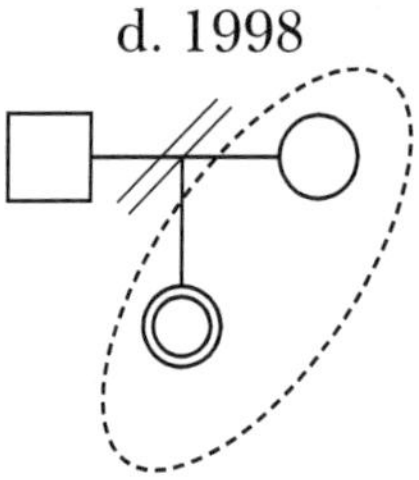	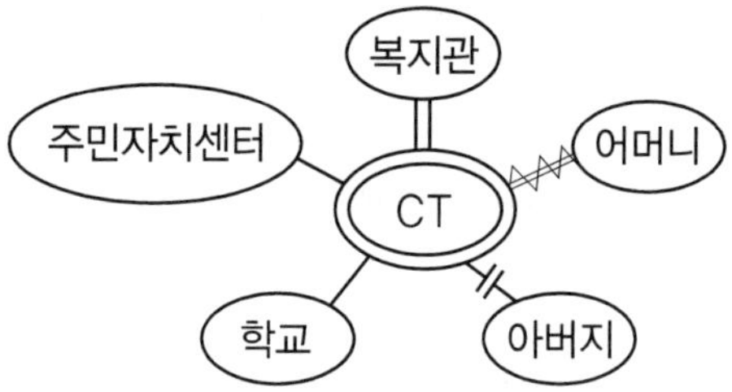

1) 가족 상황

성명	관계	연령	특이 사항 및 사회적 관계
○○○	클라이언트	18세	- 어머니와의 잦은 폭언과 폭행으로 이웃에게 심한 지탄을 받고 있으며 집주인은 1년 전부터 방을 빼라고 함. - 주변에 죽고 싶다든지 사라지고 싶다는 낙서를 하며 학교에 가지 않겠다고 하여 기관에서 자주 상담을 하고 있는 중임. - 학교 적응의 어려움으로 자퇴를 하고 싶다고 함. - 과도한 인터넷 사용
○○○	어머니	44세	- 심한 우울증을 겪고 있으며 클라이언트와 서로 싸울 때는 칼을 들기도 하고, 경찰이 출동할 정도로 심한 폭언과 폭력을 서로에게 행사함. - 우울감과 무기력함으로 인해 식사 준비 및 살림을 힘들어함. - 경제 활동을 하려고 노력하며, 약간의 아르바이트도 하고, 하고자 하는 일에는 성실하게 임하지만 체력이 따라 주지 않아 무척 힘들다고 함. - 배움에 열정이 있어 전문대학에 입학하여 피부미용학과에 다님.
○○○	아버지	49세	- 클라이언트가 어렸을 때부터 알코올중독이었고, 종종 폭력을 행사하여 1998년 이혼하게 되었으며 현재 클라이언트와는 서로 얼굴도 안 볼 정도로 단절된 상태임. - 현재에도 알코올중독이 심하여 입퇴원을 반복하고 있으며 본가와도 단절하고 이혼 후 독거 생활 중임.

2) 경제 · 주거 · 건강 · 심리사회적 상황

상황	내용
경제 상황	- 기초생활 수급 자격으로 생활하고 있으며 세금 및 공과금 납부, 클라이언트의 학원비나 독서실비 등은 지원금 안에서 지출하고 있음.
주거 상황	- 이번 달에 이사를 계획하고 있으나 집주인과 보증금 문제로 언쟁 중임. - 집 안은 정리정돈이 되어 있지 않으며, 항상 이불을 펴 놓고 있음. - 주택공사 일부 대출로 빌라에 거주함.
건강 상황	- 클라이언트는 마른 체형이고 큰 병은 없으나 허약함. - 어머니의 무기력한 생활로 식생활에 문제가 많으며, 항상 클라이언트의 불만 중 하나인 충분한 영양 공급 및 규칙적 식사의 어려움이 있음.
심리사회적 상황	- 어머니와의 잦은 폭언과 폭행으로 이웃에게 심한 지탄을 받고 있으며 집주인은 1년 전부터 방을 빼라고 함. - 주변에 죽고 싶다든지 사라지고 싶다는 낙서를 하며 학교에 가지 않겠다고 하여 상담을 하고 있는 중임. - 어머니가 2개월 전부터 교회를 다니기 시작하여 심리적 안정을 찾았고, 도움도 받았으나 교회 신도들과도 잦은 갈등을 갖고 있음.

2. 클라이언트에 관한 사항

1) 신체 · 인지 · 정서 · 행동기능 측면

클라이언트는 또래보다 키와 체중이 모두 작거나 적은 편이며, 어렸을 때부터 마른 체형임. 인지적으로 지능이 낮지는 않지만 학업을 따라가기 어려워하는 편임. 자신의 가족 상황에 대해 비관적이며, 잦은 기분 변화를 보이는 등 정서적으로 불안정해 보임. 어머니와 싸울 때는 과격한 면까지 나오는 등 충동조절이 안 되는 행동도 잦음. 컴퓨터를 하는 시간이 너무 길어 수면과 식사에 지장을 주고 있음.

2) 클라이언트의 강 · 약점

경제적 어려움, 부모의 이혼, 우울 증세로 양육의 어려움이 있는 어머니 등 사춘기에 있는 클라이언트에게 충분히 안정적이지 않은 가정환경임. 학교생활에서도 적응 및 학업의 어려움을 갖고 있는 등 가정과 학교 모두에 취약한 상태임. 하지만 기초생활 수급 등 정부 지원을 받고 있으며, 종교를 갖고 있어 현재 상황에 적응, 대처하려는 태도는 앞으로 강점으로 활용할 수 있다고 생각됨.

3. 욕구진술

1) 학교 부적응으로 자퇴 의사 표출
2) 클라이언트-어머니의 갈등 해결 및 관계 증진
3) 주거 환경의 문제 및 개선

4. 개입 계획

문제 및 욕구	결과 목표	세부 목표	표적 체계	개입 전략 및 수행 방법	비고 (역할 분담 등)
학교 부적응 및 자퇴 의사 표출	자퇴의 장단점을 고려하여 스스로 최선의 결정을 하도록 한다.	- 학교생활의 어려움과 만족도를 파악한다. - 진로상담을 한다.	- 클라이언트 - 교사 - 학급 친구	- 교사 및 또래 친구와의 상담을 통해 클라이언트의 학교생활 적응에 대해 의논한다. - 클라이언트와 진로상담을 하고, 현재 학교 적응을 어렵게 하는 대인관계, 인터넷 문제 등에 대해 상담한다.	교사, 친구와의 협조
클라이언트-어머니의 갈등 해결 및 관계 증진	모녀 관계를 개선한다.	- 스트레스 상황에서 분노조절을 할 수 있도록 한다.	- 어머니 - 클라이언트	- 분노조절프로그램을 4회기 진행한다.	○○건강가정센터 담당 사회복지사에게 의뢰
	부모교육을 통해 양육방법(의사소통, 식사, 살림 등)을 배우도록 한다.	- 어머니가 우울증 치료를 잘 받도록 한다.	- 어머니	- ○○건강가정센터에서 실시하는 부모교육에 참여하도록 한다. - 어머니가 정기적으로 외래진료를 하고 꾸준히 우울증 약을 복용하도록 모니터링한다.	
주거 환경 개선 및 지원	안정적인 주거환경에서 생활할 수 있도록 한다.	- 지속적으로 직업을 유지하여 안정적인 수입원을 갖도록 한다.	- 어머니	- 직업 유지를 위해 업무, 대인관계 등의 어려움에 대해 지속적으로 상담한다.	

5. 서비스 일정표

날짜	담당	서비스 목표	서비스 내용	준비물	비고
○월 ○일	사회복지사	적절한 컴퓨터 사용 방법을 익히도록 한다.	- 인터넷 사용에 대한 상담 - 클라이언트, 어머니, 교사의 협의 하에 인터넷 사용 계획 서약서 작성	인터넷 중독 자가진단표	
○월 ○일	사회복지사	학교 출석 일수를 늘린다.	- 아침 기상의 어려움을 해결하기 위해 모닝콜 실시 - 등교의 어려움을 해결하기 위해 해머 시계 사용	시계	
○월 ○일	사회복지사	분노 조절 방법을 익힌다.	- 4회기의 분노조절프로그램 실시	프로그램 매뉴얼	
○월 ○일	외부전문가	바람직한 양육방법을 익힌다.	- 외부 기관의 부모역할 훈련에 의뢰	프로그램 매뉴얼	
○월 ○일	사회복지사	자기관리 기술 및 지속적인 약물 복용을 한다.	- 자기관리기술 및 대인관계기술 훈련 실시 - 담당 의사와 연계	프로그램 매뉴얼	

제5장

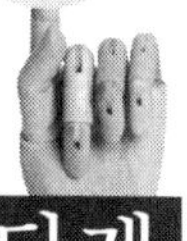

사회복지현장실습의 종결 단계

실습 종결 단계에서는 실습 초기에 계획한 실습 목표를 점검하고, 실습 과정에서 얻은 경험을 통합 및 정리해야 한다. 또한 실습을 마치고 다시 학교로 돌아갈 준비를 해야 한다. 이 단계에서는 공식적으로 클라이언트, 실습지도자 및 기관 관계자와의 관계를 종결해야 하며, 실습에 대한 평가서를 작성해야 한다. 경우에 따라서는 실습기관에서 만난 사람들과 사후 관계를 지속할 수도 있다.

실습 종결 단계에서는 몇 가지 어려움을 겪을 수 있다. 예를 들면, 실습 과정이 종결되었음에도 실습생이 만나던 클라이언트의 문제는 해결되지 않을 수 있고, 담당하던 프로그램은 지속돼야 하는 경우도 있다. 이런 경우에 실습생은 자신이 수행하고 있던 업무 상황을 점검해 보아야 한다. 즉, 서비스를 지속해서 제공해야 하는 클라이언트에 대해서는 의뢰 절차를 밟아야 하고, 종결해야 할 클라이언트에 대해서는 종결 보고 등을 해야 한다. 이 밖에도 진행 중이던 프로젝트나 회기가 남은 집단 프로그램 등 업무의 연결이 필요한 부분 혹은 마무리해야 할 부분 등은 각각의 상황에 맞게 적절히 처리한다(오혜경, 하지영, 2010).

1. 관계 종결하기

기간이 정해져 있는 실습이기에 종결의 날짜는 이미 정해져 있지만, 이때도 다양한 형태의 종결이 있을 수 있다. 우선 실습생은 클라이언트와의 관계를 종결해야 하고 정해진 시간에 밀착된 관계를 유지했던 실습지도자나 다른 동료 실습생과의 관계도 종결해야 한다. 이 밖에 기관의 다른 사회복지사 및 직원들과의 관계도 정리해야 한다.

1) 클라이언트와의 종결

사람이 만나는 상황에서는 반드시 관계가 생길 수밖에 없다. 따라서 실습기간에 만나는 클라이언트와 실습생은 필연적으로 인간관계가 형성된다. 더욱이 실습생은 성공적인 실습을 위해 클라이언트와 안정적인 관계를 유지하고자 많은 노력을 기울였을 것이다. 또한 클라이언트는 자신을 수용적으로 대하며 열정을 가지고 개입하는 실습생에게 감정적으로 많이 의지했을 수 있다. 이렇게 실습생이 클라이언트와 우호적인 관계를 가지고 있을 때 이를 종결해야 한다는 것은 클라이언트에게 감정적 부담으로 다가올 수 있으며, 향후 기관에서 지속적으로 클라이언트에게 개입할 때 어려움을 겪는 요인이 될 수도 있다. 그러므로 실습생은 클라이언트와의 관계를 종결할 때 주의를 기울여야 하며 실습지도자와 이에 대한 상의를 해야 한다.

자신의 실습 종결을 경험하면서 더불어 클라이언트와의 종결 역시 다뤄야 하는 이중의 종결 과제를 안고 있는 실습생에게 실습 교육의 전문가들은 다음과 같은 조언을 제시하고 있다(Berg-Weger & Birkenmaier, 2000; Chiaferi & Griffin, 1997; 서진환, 2001에서 재인용).

첫째, 클라이언트와의 관계 초기부터 실습생임을 밝히고 기관에 일정 기간만 있을 것임을 알려 준다. 이 경우 클라이언트가 관계에 깊이 관여하지 않으려 하거나 자신의 깊은 이야기를 하지 않을 수도 있지만, 이에 대해서는 클라이언트가 결정할 권리가 있는 것임을 인정해야 한다.

둘째, 실습생이 상실과 이별에 대한 자신의 감정에 주의를 기울일 수 있다면, 클라이언트가 이것에 갖는 정서적 반응에 대해서도 자유롭게 이야기하고, 이를 경청할 수도 있게 될 것이다. 종결이 논의될 때 클라이언트는 실망하거나 화가 날 수도 있고, 우울해지거나 슬퍼질 수도 있고, 상처를 받을 수도 있고, 이기적일 수도 있고, 의존적이거나 두려워할 수도 있으며, 적대적이거나 배신감을 가질 수도 있다. 실습생은 클라이언트가 어떠한 감정을 갖든 그것을 털어놓고 이야기할 수 있도록 들어 주고, 더 이야기하도록 격려해 주며, 참아 주어야 한다. 클라이언트의 감정을 덮어 두거나 거북해하지 않고 존중해 준다면 클라이언트가 이별의 단계를 차근차근 밟으면서 지나갈 수 있도록 도울 수 있다. 주제를 바꾸거나 감정의 강도를 희석하기 위해 유머를 사용하는 것은 이러한 논의를 지연시킬 뿐임을 기억해야 한다. 클라이언트는 자신이 종결에 대해 갖는 경험을 충분히 표현할 권리가 있고, 실습생은 이것이 가능하도록 격려해야 할 것이다.

셋째, 아동의 경우 관계의 상실에 적응하기 위해서는 더 많은 시간이 필요하다. 아동이 '마지막'에 대해 이해하고 있는 정도와 이에 대한 대처 기술을 아동의 나이나 인지 수준 등에 따라 고려하고 지지해 주는 것이 필요하다. 곧 떠난다는 식의 말보다는 달력에 날짜를 표시해 보여 주는 식의 구체적인 방법이 더 효과적이다. 실습생의 입장에서는 도움이 더 필요한 상황에 있는 아동을 버린다는 느낌을 가질 수도 있는데, 이러한 경우에는 그동안 아동과의 관계에서 성취할 수 있었던 것에 초점을 두는 것이 도움이 되기도 한다.

넷째, 계획한 목표가 이루어지기 전에 실습이 종료되는 경우 성취감을 얻지 못한 실습생이 좌절감을 표현하기도 하지만, 실습생이 기울인 노력과 그동안 이룬 작은 성취에 의의를 갖도록 하는 것이 필요하다.

다섯째, 클라이언트와 종결을 다루기 전에 실습지도 시간이나 실습세미나에서 실제 종결 과정에 대한 리허설을 해 보는 것이 큰 도움이 될 수 있다.

Tip

클라이언트와의 관계 종결 시 주의할 점

- **반드시 실습지도자 및 담당 사회복지사와 상의한다.** 높은 열정을 가지고 실습에 임했던 실습생들이기에 실습 시간에 만났던 클라이언트와 많은 정서적 공감을 했을 수 있다. 따라서 실습 후에도 클라이언트와 지속적으로 관계를 유지하고 싶은 마음이 생길지도 모른다. 특히 실습에 만족한 실습생일수록 더욱 그럴 수 있다. 실습 후에도 클라이언트와 관계를 지속할지 여부는 반드시 실습지도자 및 클라이언트를 담당하고 있는 사회복지사와 상의하고 결정해야 한다. 만일 실습지도자나 사회복지사가 관계를 지속하는 것이 적절하지 않다고 한다면 그 결정을 따르도록 한다.

- **지속적으로 수퍼비전을 받는다.** 만약 클라이언트와 관계를 지속하게 되었다면 반드시 실습지도자나 담당 사회복지사에게 수퍼비전을 받아야 한다. 또한 만남 장소는 실습기관이나 실습기관에서 통제할 수 있는 곳이어야 한다. 실습생은 아직 학생으로서 클라이언트에게 적절한 서비스를 제공하고 도움을 주기에는 한계가 있으므로, 반드시 지속적인 수퍼비전을 받아야만 한다.

2) 실습지도자와 직원 및 다른 실습생과의 관계 종결

실습생과 실습지도자는 실습의 종결에 대해 양가감정을 갖게 될 수 있다. 즉, 실습을 무사히 마치고 학습과 교육 관계를 성공적으로 이루어 낼 수 있었다는 데 대한 안도감과 더불어 각자의 생활에서 중요했던 관계가 끝난다는 것에 대한 상실감을 경험하게 된다. 실습지도자는 종결에 대한 감정을 적절히 조절하면서 실습생이 그들의 클라이언트와의 관계를 종결하는 데 필요한 기술을 습득할 수 있도록 중요한 모델로서 행동해야 한다(오혜경, 하지영, 2010).

경우에 따라서는 실습생과 실습지도자의 관계가 지속되기도 한다. 왜냐하면 실습생이 실습기관에서 자원봉사를 지속하거나 파트타임으로 일하는 기회를 얻을 수 있기 때문이다. 유달리 실습지도자와 친분을 쌓았던 경우에는 기관과의 관계를 떠나 개인적으로 연락을 유지하거나 도움을 주고받을 수 있다.

실습지도자와 실습생이 힘들어하는 상황은 바로 서로 갈등 상황에 있는 상태에서 실습이 종결되거나 실습 내용이 만족스럽지 않은 채로 종결되는 경우다. 이러한 경우 실습지도자와 실습생은 서로에게 불만을 갖거나 반대로 자신이 잘못해서 그렇다는 죄책감을 가질 수도 있다. 어쨌든 이때는 실습지도자가 실습생이 가질 수 있는 감정을 탐색하고 그들이 그것을 표현할 수 있게 도와주는 것이 필요하다. 이렇게 실습생은 실습 종결에 대한 감정을 표현함으로써 만족스럽게 실습을 마칠 수 있다. 또한 서로 거북한 상황에서도 성공적으로 종결하기 위해 노력하는 실습지도자의 모습은 향후 실습생이 그러한 상황에 적절하게 대처할 수 있도록 도움을 줄 것이다. 그리고 실습지도자는 실습생과의 갈등이나 감정이 실습 평가에 절대로 영향을 주어서는 안 된다는 점을 명심해야 한다.

한편, 실습생은 실습을 종결하면서 자신이 실습기관에서의 인간관계에 얼마나 심리적으로 투자했는지 인식하게 된다(Chiaferi & Griffin, 1997; 서진환, 2001에서 재인용). 이별이 가까워오면서 슬픔과 상실감이 찾아올 수도 있고, 반대로 아무렇지 않을 수도 있다. 사회복지사의 중요한 요소 중 하나가 효과적이고 풍부한 인간관계를 발전시키는 능력이라고 한다면, 실습기간에 인간관계를 맺은 경험과 기술은 전문가로서의 발전을 위한 중요한 부분이 된다. 또한 실습기간에 맺은 관계는 사회복지학을 전공하면서 얻을 수 있는 가장 의미 있는 경험이 될 수도 있으며, 장래의 관계망을 구축하는 기회가 될 수도 있다. 실습의 종결 시기가 다가옴에 따라 실습기관에서 특별히 인간적인 관계를 형성했던 실습지도자, 직원 혹은 다른 실습생들에게 어떻게 감사와 인사를 전할 것인지 미리 생각해 두고, 이러한 자신의 마음을 전하는 것은 의미 있는 관계를 만족스럽게 종결할 수 있게 도와줄 것이다.

Tip

실습지도자 및 실습생과 관계를 유지하는 방법

실습생들은 자신이 실습한 기관에서 지속적으로 자원봉사를 하는 방법이 관계를 유지하는 데 좋으나, 학교 공부도 해야 하고 실습기관과 집 간의 거리도 있기 때문에 이는 쉽지 않다. 그런 경우에 관계를 유지하는 데 활용할 수 있는 방법으로는 다음과 같은 것이 있다.

- **모임을 만든다.** 실습지도자를 포함한 모임이나 실습생들만의 모임을 만든다. 기존의 인터넷상의 블로그나 카페를 활용하는 방법도 있으나 최근 스마트폰을 많이 사용하게 되면서 이를 활용하여 모임을 만들 수도 있다. 스마트폰을 사용하여 갖는 모임은 빠른 의사소통 및 지속적인 관계 맺기를 가능하게 한다.

- **SNS를 활용한다.** SNS에서 기관이나 실습지도자 및 기관의 다른 사회복지사, 실습생들과 서로 친구를 맺어 정보를 공유한다. 특히 실습기관의 행사에 관심을 갖고 이에 대한 피드백 등을 전달하면 좋다. 이렇게 지속된 관계는 향후 실습생들이 사회복지 현장에서 일할 때 많은 도움을 줄 것이다.

- **기관의 행사에서 자원봉사를 한다.** 가능하다면 실습기관에서 큰 행사가 있을 경우에 자원봉사를 하면 좋다. 예를 들면, 5월의 어린이날이나 어버이날 행사, 개관기념일, 후원의 날, 바자회 등의 행사는 기관에서 많은 도움을 필요로 한다. 이때 실습을 통해 기관의 상황과 직원 및 클라이언트에게 익숙해진 실습생들의 자원봉사는 기관에도 큰 도움이 될 수 있다. 또한 지속적으로 실습생이 자신의 소식을 전할 수 있는 기회도 되며, 사회복지와 관련된 정보를 얻을 수도 있다.

- **실습기관의 후원자가 된다.** 적은 금액이라도 후원하는 실습기관의 후원자가 되도록 한다. 대부분의 기관은 후원자들에게 기관의 소식을 전하는 소식지를 정기적으로 발송한다. 따라서 소식지를 통해 기관의 상황을 알 수 있으므로 지속적인 관심을 유지할 수 있다. 또한 후원자의 입장에서 기관 운영을 바라볼 수 있기에 향후 실습생이 사회복지 현장에서 일할 때 도움이 될 수 있다.

[그림 5-1] SNS 활용 예시

2. 실습기관의 실습 보고회

실습 보고회는 실습을 종결하는 시점에서 실습생들이 미래의 사회복지사로서 용기와 비전을 가질 수 있도록 지지하고 격려하는 차원의 의식을 말한다(윤철수, 김정진, 2010). 이것은 실습생과 실습지도자뿐만 아니라 관장 이하 가능한 모든 직원이 참여하여 진행된다. 이때 전반적인 준비는 실습생들이 스스로 계획하고 실행하도록 한다. 일정이 된다면 실습생을 파견한 학교의 실습지도교수를 초대하여 함께 참여하게 하는 것도 좋다.

일반적으로 실습 보고회에서 이루어지는 내용은 다음과 같다. 실습생 및 실습지도자 소개, 실습생 및 실습지도자 인사, 실습 경과 보고, 실습생 보고 및 발표, 실습에 대한 제언과 건의, 총평(실습지도자 대표 또는 기관 대표), 기념 촬영 및 다과회 등이다.

총평에서는 실습생의 발표 내용에 대해 실습지도자 또는 기관 대표가 긍정적인 환류를 할 수 있도록 해야 한다. 그리고 실습생의 건의사항에 대한 기관의 입장을 설명할 수 있다. 더불어 실습생이 지닌 실천가로서의 장단점과 조언, 실습대학에 대한 건의 및 연계 방안에 대해서도 구체적으로 기술해야 한다(한국사회복지사협회, 2013b).

발표 Tip

- **프레젠테이션은 정해진 시간 내에 끝낸다.** 실습생은 의욕이 앞서고 발표하고 싶은 내용이 많아서 정해진 시간을 초과하여 발표하는 경우가 종종 있다. 하지만 아무리 내용이 좋아도 정해진 시간을 넘겨 발표하는 것은 좋지 않다. 따라서 시간 내에 발표를 끝낼 수 있도록 적절한 양을 준비하도록 한다. 예를 들면, 20분 발표는 파워포인트 프레젠테이션인 경우 슬라이드 12~15장 정도가 적당하다. 반드시 사전 연습을 통해 발표 시간을 점검하는 것을 잊지 않도록 한다.

- **초반에 주의를 끈다.** 발표 초반에 청중의 주의를 끌 수 있어야 한다. 이를 위해 청중의 시선을 끌 수 있는 동영상이나 이야기 또는 재미있는 멘트 등을 초반에 삽입하는 것이 좋다. 발표 내용과 관련 있는 것이면 더욱 좋지만 관련이 없어도 상관없다.

- **발표는 낭독이 아니다.** 많은 학생이 발표할 때 화면에 쓰인 글이나 준비해 간 글을 그대로 읽는데, 이것은 낭독이지 발표가 아니다. 발표 자료에는 핵심적인 내용만 적고 발표는 이에 대한 설명을 하는 것이다. 따라서 해당 자료에는 많은 글을 넣지 않도록 하고, 가급적 도식과 그림을 사용하는 것이 이해를 돕는 데 좋다. 이때 실습 활동 내용을 찍은 사진을 삽입하는 것도 좋다. 그리고 발표를 위한 브리핑 노트를 따로 만들어서 발표 때는 그것을 활용하도록 한다.

- **이야기가 있는 발표를 한다.** 스티브 잡스가 발표하는 모습을 본 적이 있는가? 그는 항상 이야기가 있는 발표를 했고 그것이 청중의 마음을 사로잡았다. 따라서 발표 자료를 먼저 만들지 말고 이야기를 만든 후 그에 따라 발표 자료를 만드는 것이 필요하다. 예를 들면, 실습기관에서 발표 형식을 따로 지정해 주지 않았다면 주제를 정해서 발표하는 것이다. 즉, 시간 순서에 따라 '~한 일을 했다.'라는 식의 발표보다는 실습 목표를 주제로 하여 이것을 어떻게 달성했는지를 중심 내용으로 발표 내용을 정리한다. 또는 사회복지사로서 자신의 장점을 실습을 통해 어떻게 발전시켜 나갔는지를 주제로 하는 방법도 있다.

- **복장은 단정하면서도 격식을 갖춘다.** 실습생은 학생이지만 실습 보고회는 공식적으로 실습 내용을 발표하는 자리인 만큼 복장에도 신경을 쓰는 것이 좋다. 단정한 옷차림은 발표 내용에 대한 신뢰감을 주는 데 도움이 된다. 가급적 정장을 입는 것이 좋지만 그것이 불편하다면 재킷을 입도록 한다. 너무 짧은 치마나 반바지, 민소매 등의 옷과 과도한 액세서리 및 모자는 착용하지 않는다. 채용 설명회나 사업 설명회에서 프레젠테이션을 하는 사람들의 옷차림을 살펴보고 그것을 참고하는 것도 도움이 된다.

실습 평가회
서울시립대학교 종합사회복지관
노시균

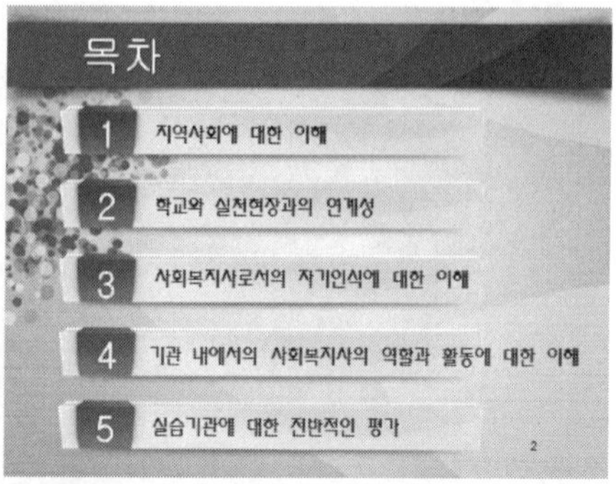
목차
1 지역사회에 대한 이해
2 학교와 실천현장과의 연계성
3 사회복지사로서의 자기인식에 대한 이해
4 기관 내에서의 사회복지사의 역할과 활동에 대한 이해
5 실습기관에 대한 전반적인 평가
2

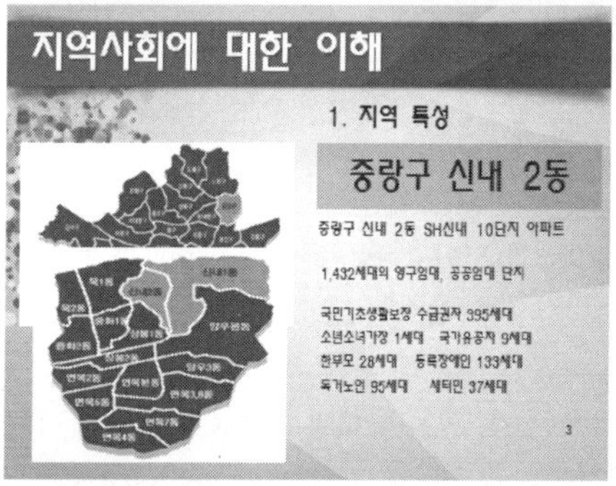
지역사회에 대한 이해
1. 지역 특성
중랑구 신내 2동
중랑구 신내 2동 SH신내 10단지 아파트
1,432세대의 영구임대, 공공임대 단지
국민기초생활보장 수급권자 395세대
소년소녀가장 1세대 국가유공자 9세대
한부모 28세대 등록장애인 133세대
독거노인 95세대 새터민 37세대
3

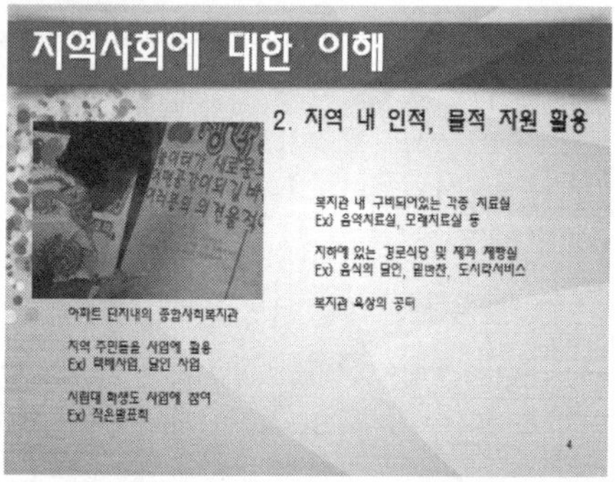
지역사회에 대한 이해
2. 지역 내 인적, 물적 자원 활용
아파트 단지내의 종합사회복지관
지역 주민들을 사업에 활용
Ex) 택배사업, 달인 사업
시립대 학생도 사업에 참여
Ex) 작은올프릭
복지관 내 구비되어있는 각종 치료실
Ex) 음악치료실, 모래치료실 등
지하에 있는 경로식당 및 제과 제빵실
Ex) 음식의 달인, 밑반찬, 도시락서비스
복지관 옥상의 공터
4

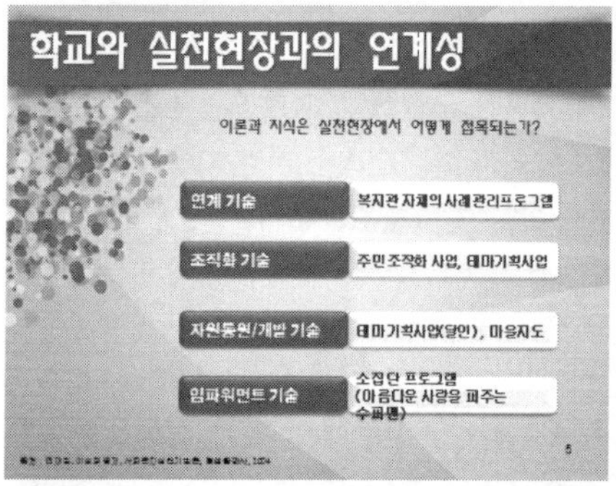
학교와 실천현장과의 연계성
이론과 지식은 실천현장에서 어떻게 접목되는가?
연계 기술
복지관 자체의 사례관리프로그램
조직화 기술
주민조직화 사업, 테마기획사업
자원동원/개발 기술
테마기획사업(달인), 마을지도
임파워먼트 기술
소집단 프로그램 (아름다운 사랑을 피주는 수피맨)
5

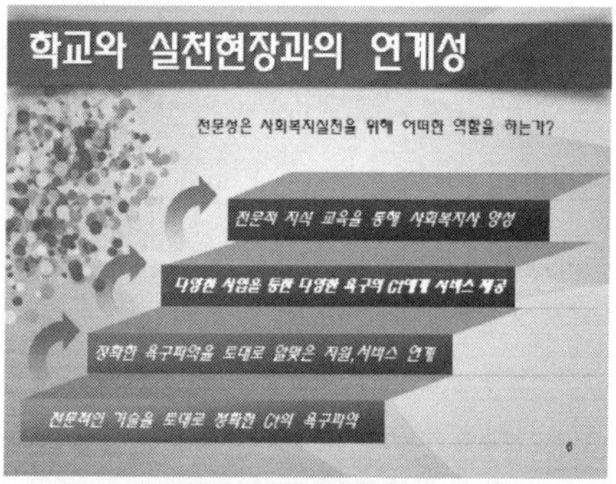
학교와 실천현장과의 연계성
전문성은 사회복지실천을 위해 어떠한 역할을 하는가?
전문적 지식 교육을 통해 사회복지사 양성
다양한 사업을 통한 다양한 욕구의 Ct에게 서비스 제공
정확한 욕구파악을 토대로 알맞은 자원,서비스 연계
전문적인 기술을 토대로 정확한 Ct의 욕구파악
6

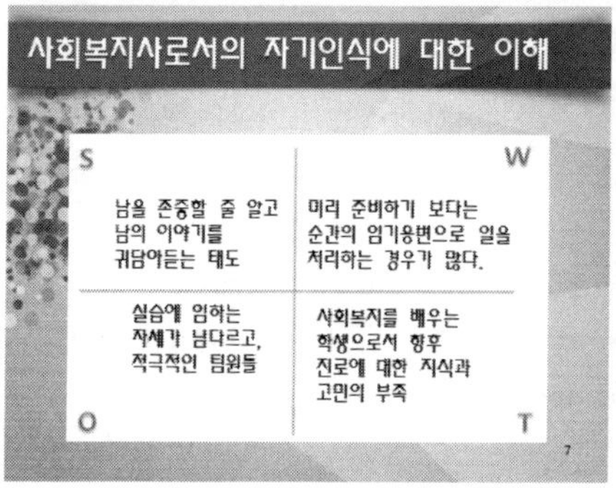
사회복지사로서의 자기인식에 대한 이해
S
W
남을 존중할 줄 알고 남의 이야기를 귀담아듣는 태도
미리 준비하기 보다는 순간의 임기응변으로 일을 처리하는 경우가 많다.
실습에 임하는 자세가 남다르고, 적극적인 팀원들
사회복지를 배우는 학생으로서 향후 진로에 대한 지식과 고민의 부족
O
T
7

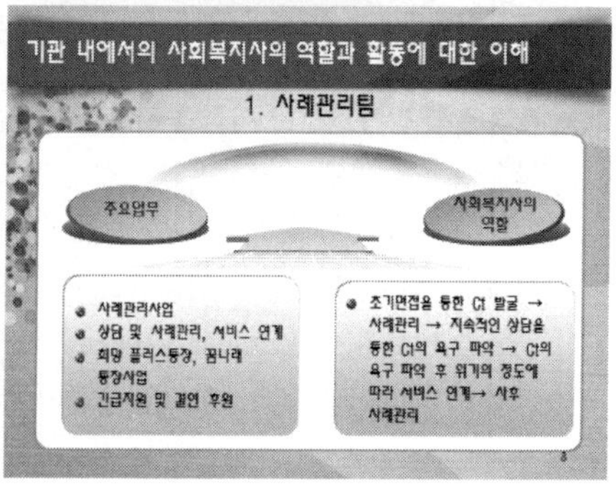
기관 내에서의 사회복지사의 역할과 활동에 대한 이해
1. 사례관리팀
주요업무
사회복지사의 역할
사례관리사업
상담 및 사례관리, 서비스 연계
희망 플러스통장, 꿈나래 통장사업
긴급지원 및 결연 후원
조기면접을 통한 Ct 발굴 → 사례관리 → 지속적인 상담을 통한 Ct의 욕구 파악 → Ct의 욕구 파악 후 위기의 정도에 따라 서비스 연계→ 사후 사례관리
8

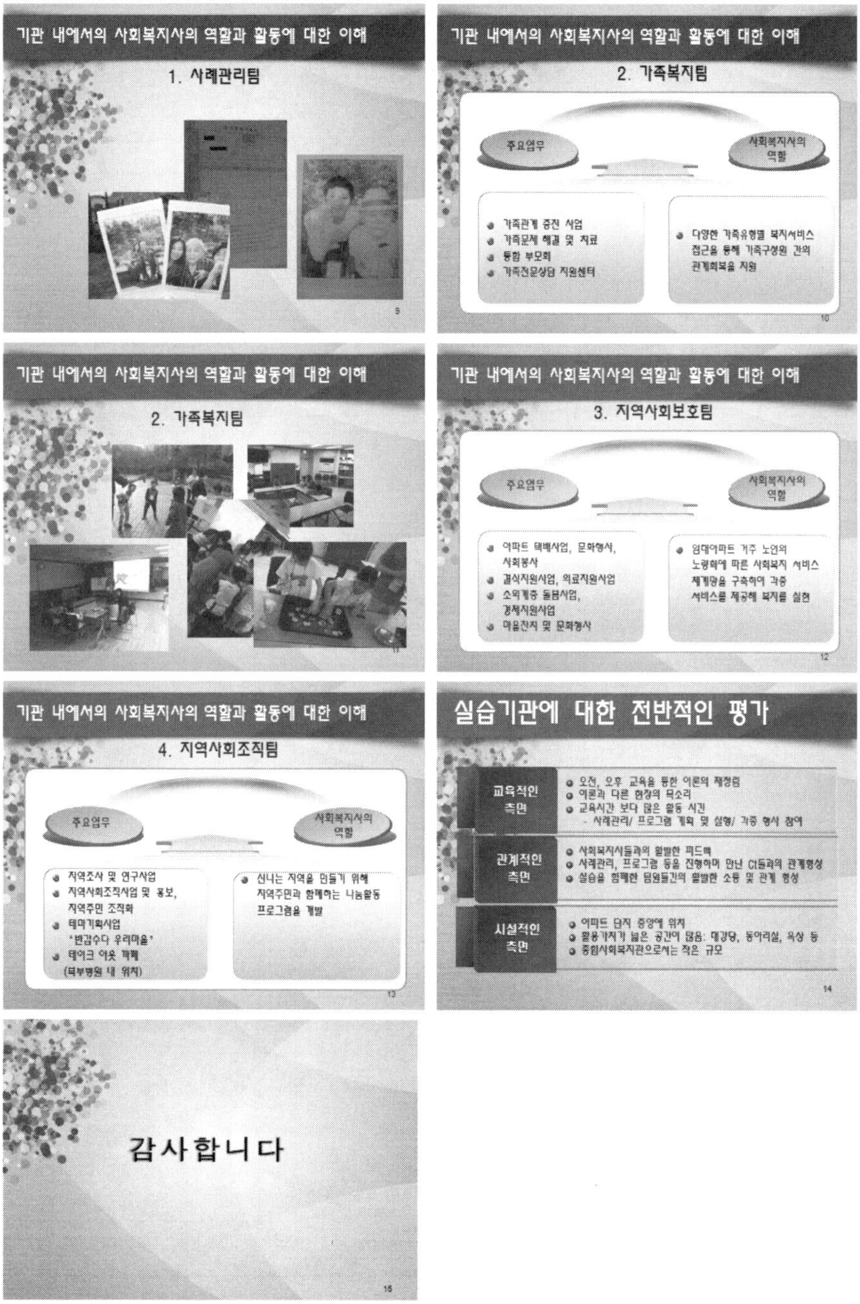

[그림 5-2] **프레젠테이션 발표 자료의 예시**

[그림 5-3] **기관실습 평가회에서 상영한 동영상 캡처본**

[그림 5-4] **기관 실습 보고회**

제 3 부 > 사회복지현장실습의 평가

제6장

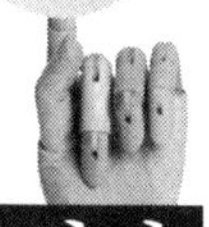

사회복지현장실습 평가

1. 학생의 현장실습 평가

1) 실습 중간 평가서

작성 Tip

- **실습계획서에서 설정했던 목표가 얼마나 달성되었는지 평가하고, 향후 달성 방법을 작성한다.** 중간 평가를 하기 위해서는 애초에 실습 목표를 측정 가능한 용어로 기술해야 힘을 다시 한 번 강조한다. 중간 평가를 한 결과, 현실적으로 적절하지 않은 목표라면 목표를 다소 낮추거나 다른 목표로 수정하는 것이 바람직하다. 예를 들어, 실습 시작 전에 클라이언트와의 일대일 면담을 목표로 설정하였지만, 기관 사정이나 실습생 역량으로 인해 쉽지 않을 경우에는 중간 평가에서 목표를 수정하는 것이 좋다.

- **객관적인 평가 방법을 선정한다.** 각 목표별 평가 방법은 보통 비율(%)로 목표 달성 정도를 표시하지만, 특정 척도를 사용하여 사전 · 중간 · 종결 평가를 실시할 수도 있다. 기관에 따라서 다르지만 대개 실습지도자, 동료 실습생과의 중간 평가 시간을 통해 평가를 실시하게 되므로 주관적인 자기 평가 이외에 수퍼비전을 토대로 '객관적'인 평가가 될 수 있게 주의한다.

- **실습에 임하는 자세 및 노력 부분은 자세하고 구체적으로 써 본다.** 실습생이 업무에 미숙한 것은 당연하다. 따라서 실습에 임하는 실습생의 자세가 너무 불안하여 필요 이상의 긴장을 하거나 실수를 하고, 지나치게 눈치를 본다면 실습지도자는 부담을 가질 수

있다. 실습지도자가 기대하는 것은 완벽한 일처리가 아니라 실습생으로서 성실하게 배우려는 자세이며 최선을 다해 노력하는 모습임을 명심하도록 한다.

- **중간 평가 항목 중 '5. 실습에서 어려웠던 점'과 '6. 기관 및 실습지도자에게 건의할 점'을 잘 활용한다.** 실습생은 실제로 실습에서 어려운 점이 있어도 실습지도자나 실습지도교수에게 말하기 쉽지 않다. 이때 평가서를 통해 평소 생각을 정리하여 전달해 볼 것을 권한다. 중간 평가서 제출은 보통 실습이 시작되고 2주 정도 지난 후이니 기관 및 실습지도자에 대한 파악이 어느 정도 이루어진 상태이므로 어려움이나 건의 사항을 '어떻게' '어느 정도'로 표현해야 할지 감이 올 것이다. 또 막연히 건의할 게 없다고 하기보다는 진솔하고 예의 바르게 건의사항으로 작성한다면 실습지도자가 미처 생각하지 못한 부분에 대해서 알게 되고, 남은 실습기간을 알차게 활용할 수 있는 좋은 기회가 될 것이다.

표 6-1 실습 중간 평가서 작성 예시

실습 중간 평가서

* 이 평가서는 사회복지현장실습 지침서를 참고하여 실습생 본인이 작성하며, 서술 양식으로 작성한 뒤 실습지도자와 평가회를 갖는 것을 추천한다.

실습생명	○○○	기관명	○○병원
실습기간	201○년 ○월 ○일~○월 ○일	실습지도자	○○○ 팀장님
실습 평가일	201○년 ○월 ○일	실습지도교수	○○○ 교수님

1. 실습 목표와 관련된 실습 내용 및 역할에 대한 평가

1) 수행한 실습 내용 및 역할 요약

(1) 기관에 대하여 파악하기

(2) 실습일지 작성하기

(3) 알코올중독 관련 용어와 정신장애, 인테이크 방법 스터디하기

(4) 알코올중독 환자와 가족의 심리, 역동 등에 대해 스터디하기

(5) 인테이크와 스트레칭 요법 프로그램 계획 및 진행하기

2) 평가

목표	목표 성취 전략	목표 달성 정도	향후 보완
기관 사업 파악 및 이해	실습기관 분석 보고서 작성하기	90%	실습을 통해 지속적으로 보완하기
사회복지사로서의 강점과 약점 파악	실습을 통해 자기 인식하기	50%	실습을 마친 후에도 지속적으로 자기 인식 계속하기
알코올중독 환자 개입 프로그램 진행해 보기	스트레칭 요법 프로그램 계획 및 진행하기	50%	계획만 한 단계이므로 이후 실제로 프로그램 진행해 보기

(계속)

목표	목표 성취 전략	목표 달성 정도	향후 보완
심리사회적 사정하기	4회 이상 면담 후 작성하기	50%	정기적 면담 기록 작성하기
환자분들과 친밀감 형성하기	병동 프로그램 체험하기	70%	라포 형성 잘하기
동료 실습생들과 협력적 관계 형성하기	대화를 많이 나누면서 서로 피드백해 주고 격려하기	95%	실습이 끝난 후에도 연락 끊지 않고 관계 유지하기
4주간의 실습을 통해 성취감 얻기	- 1~2주는 이론 공부와 피드백 받기 - 3주부터 인테이크와 프로그램 진행하기	50%	모든 프로그램에 최선을 다해 임하기

(1) 기관에서 진행하는 프로그램을 참관하며 기관이 어떤 치료적 접근을 하는지 파악하였다.

(2) 1주차에는 실습일지를 쓰는 것이 서툴고 정확히 아는 것이 없어 질문도 제대로 하지 못했지만 2주차가 되어서는 실습일지를 작성하는 것이 익숙해졌다.

(3) 시간표에 따라 프로그램을 참관하고, 프로그램이 없는 시간에는 실습지도자 선생님께서 나눠 주신 자료 및 서적을 보며 정신보건 용어를 정리하고 전이, 역전이, 방어기제, 정신장애에 대한 학습을 계속하였다.

(4) 알코올 교육이나 여러 가지 알코올 프로그램을 참관하면서 알코올중독이란 무엇인지, 알코올중독 환자의 특징이나 심리는 어떠한지, 알코올중독자 가족의 심리와 그들의 역할은 무엇인지 배우고 확인한 후 모르는 것이 있으면 질문하였다. 실습지도자 선생님께서 점점 질문도 잘하고 열심히 한다고 칭찬해 주셨다.

(5) 실습지도자 선생님께서 정해 주신 환자분과 인테이크를 하기 전 라포 형성을 하였다. 또 스트레칭 요법 프로그램을 계획하고 진행하면서 환자분들과 더욱 가까워지고 프로그램 진행 능력도 기를 수 있었다.

3) 앞으로의 계획

알코올중독 환자와 가족에 대해서 완전히 이해하지는 못했지만, 인테이크할 때나 스트레칭 요법 프로그램을 진행할 때 그들의 성격 특성을 염두에 두고 비언어적 표현을 주의 깊게 관찰할 것이다.

또한 환자분을 만날 때 수용적인 태도를 가짐으로써 환자분께서 나를 신뢰하고 편안하게 느낄 수 있도록 할 것이다. 인테이크 후 면담 일지를 잘 작성할 수 있도록 환자분의 말을 경청하고

학교에서 배운 상담 기법과 심리사회 사정의 기록 방법을 다시 한 번 잘 살펴보아야겠다. 동료 실습생들과는 첫날부터 분위기가 좋아 걱정이 없지만, 친하게 지내는 중에도 서로 의견을 존중하고 혹시 모르는 대립이 없도록 조심하며 서로의 말에 귀 기울여 주어야겠다. 마지막으로 실습일지 작성에 어느 정도 익숙해졌지만 그래도 실수하지 않고 꼼꼼히 작성하도록 노력할 것이다.

2. 실습에 임한 자세 및 노력

피곤하지만 지친 모습을 보이지 않도록 밝고 힘차게 실습에 임하려고 노력하고 있다. 실습지도자 선생님과 다른 사회복지사 선생님들, 교육 수간호사님, 원장님께서 주시는 피드백을 들을 때마다 프로그램에 참관해서 치료자와 환자의 관계를 최대한 자세히 관찰해 보려고 한다. 알코올중독 전문 병원이기 때문에 선생님께서 주신 자료를 공부하고 프로그램에 참석하며 알코올중독에 대해 열심히 공부했다. 동료 실습생들과는 워낙 첫날부터 친해져서 걱정은 없다. 하지만 혹시라도 실수를 할 수 있기 때문에 조심하고 있으며, 기관에도 금방 적응해서 병원 직원분들과 환자분들께 밝게 인사하며 실습에 임하고 있다.

3. 실습을 통해 배운 점

실습을 통해 배운 것은 먼저 사회복지사로서 환자분들이 단주에 대한 동기부여를 받을 수 있도록 최선을 다해 도움을 주어야 한다는 것이다. 환자분들에게 치료에 대한 선택권을 드려서 환자가 직접 선택할 수 있도록 하는 것이 사회복지사의 역할이라는 것이다. 또한 환자의 가족도 마음의 병이 들고 치료가 필요하다고 하셨다. 환자에게는 가족의 지지가 필요하고 가족 또한 불안하기 때문에 환자를 포함한 그들의 가족에게도 접근해야 한다는 것을 배웠다. 항상 진심으로 다가가고 인간적으로 다가가되 냉철한 판단이 필요하다는 것을 배웠다.

4. 앞으로 더 필요한 지식과 기술

인테이크를 하면서 개방형 질문을 한다거나 환자의 비언어적 표현을 봐야 한다는 것은 알지만 막상 인테이크를 하면 긴장되어 생각대로 잘 되지 않는다. 따라서 평소에 대화할 때 개방형 질문을 하고 비언어적 표현을 살펴보는 연습을 해야겠다. 또한 알코올중독 관련 서적을 더 읽어 보고 실습을 통해 많은 경험을 쌓아 환자분들의 반응을 이끌어 낼 수 있도록 노력해야겠다.

5. 실습에서 어려웠던 점

직원 선생님들과 좀 더 친해지고 싶은 마음은 있지만 대화할 기회가 부족하여 아쉽다. 또 프로그램을 진행하면서 환자분들의 반응을 이끌어 내는 것이 너무 어려웠다.

6. 기관 및 실습지도자에게 건의할 점

항상 친절하게 대해 주시고 모르는 것에 친절히 답변해 주셔서 매우 감사합니다. 앞으로 남은 실습 동안 더 많은 피드백 주시고 실수하거나 고쳐야 할 부분이 있다면 말씀해 주세요.

2) 실습 종결 평가서

작성 Tip

- **실습 종결 평가서의 모든 평가 항목을 적절히 활용한다.** 종결 평가는 중간 평가보다 훨씬 자세하며, 평가 항목도 세분화되어 있다. 4번 항목 '서비스 실천 과정에 대한 평가/정책 및 행정 실습에 대한 평가'는 실습생이 자신의 실습을 돌아보고 해당하는 항목에만 평가를 실시하면 된다. 대부분의 학부 실습생은 실천 현장에서 실습을 하게 되므로 평가가 어렵지 않을 것이지만, 심화실습이나 대학원 실습인 경우 연구기관, 협회 등 정책 및 행정기관으로 실습을 나갔을 때 해당 항목에 평가하면 된다.

- **실습생의 자원 활용에 대한 평가(인적 · 물적 자원)는 자원을 연결하고 개발하는 사회복지사의 역량을 키울 수 있는 평가 항목이다.** 인적 자원으로는 실습지도자는 물론이고 기관의 여러 직원, 동료 실습생에게 도움을 받을 수 있다. 또한 기관 외의 자원으로 학교 실습지도교수, 실습세미나에 참여하고 있는 다른 기관 실습생의 도움을 적극 활용할 수 있도록 한다. 학교에 따라서는 실습이 종료된 후 실습세미나를 실시하므로 필요할 때 수퍼비전을 받기 어려운 애로 사항이 있을 수 있다. 하지만 도움이 필요할 경우 실습지도교수의 도움을 적극 요청한다면 학교에서는 기꺼이 관심을 갖고 도와줄 것이다. 물적 자원으로는 실습 분야의 전공서적, 논문, 보고서 등을 찾아서 활용해야 한다. 학술연구정보서비스(www.riss.kr)에 가입하면 방대하고 다양한 정보를 찾을 수 있다. 이외에도 관련 학회, 협회, 기관 홈페이지 등의 정보를 활용하는 기술을 갖추도록 한다.

- **사회복지사로서 자신의 장단점을 인식하는 것은 앞으로 사회복지사로서 현장에서 일할 때 중요한 자산이 될 것이므로 구체적으로 써 본다.** 실습은 사회복지사로서 진로를 결정하게 도와주는 계기가 되기도 하고, 또 사회복지 이외의 다른 길로 진로를 결정하게 하는 전환점이 되기도 한다. 이는 현장의 여러 사회복지사를 만나면서, 또 예비 사회복지사로서 일해 보면서 얻는 소중한 소득이다.

- **실습지도 활용 정도에 대한 평가, 기관 이해도에 대한 평가, 실습기관 중 가장 유익했던 내용, 가장 안 좋았던 내용, 건의 사항 등은 자세히 쓰도록 한다.** 실습 종결 평가는 자신의 실습을 되돌아보는 좋은 기회이기도 하고, 앞으로 실습해야 하는 후배들이 참고할 수 있는 좋은 정보원이 되기도 한다. 대부분의 학교에서는 현장실습발표회를 하기도 하고, 각종 실습 관련 일지, 평가서 등을 제본하여 비치하고 있으므로 자신의 심화실습이나 후배들의 실습을 위해 객관적이고 구체적으로 평가한다. 이때 주의할 점으로, 실습일지는 공식문서이므로 주관적 · 감정적 평가가 되지 않도록 한다.

표 6-2 실습 종결 평가서 작성 예시

〈예시 1〉

실습 종결 평가서

* 이 평가서는 사회복지현장실습 지침서를 참고하여 종결평가 내용을 실습생 본인이 작성하며, 서술양식으로 작성한 뒤 실습지도자와 평가회를 갖는 것을 추천함.

실습생명	○○○	기관명	○○○ 주민센터
실습기간	201○년 ○월 ○일~○월 ○일	실습지도자명	○○○ 선생님
실습 평가일	201○년 ○월 ○일	실습지도교수	○○○ 교수님

1. 실습 일정에 대한 평가

4주간의 실습 일정은 주민센터 사회복지사의 업무와 서비스 내용을 알아보기에 충분하다고 볼 수 없다. 공공기관으로서 광범위한 사업 내용을 지니고, 특히 시기에 따른 사업을 진행해야 하기 때문에 모든 사업을 파악하고 배우기에는 무척 짧은 기간이라 생각한다.

2. 실습 내용 및 역할에 대한 평가

실습생은 공공기관의 사회복지사업이라는 특성으로 공적 업무의 책임성 때문에 주로 관찰자 역할을 하였다. 따라서 업무지원 역할에 머무를 수 밖에 없는 아쉬움이 있었지만, 사회복지사의 업무를 관찰하며 배우는 것만으로도 큰 소득이 있었다.

3. 실습 목표에 대한 평가

1) 구체적이고 적절한 목표 설정 여부

설정한 목표는 실습기관의 특성에 맞춰 적절히 설정하였다고 판단된다. 하지만 주민센터 사회복지사의 업무 지침에 대해서는 정책과 사업이 무척 다양하고 광범위하기 때문에 실습기간 안에 습득하기에 시간이 매우 부족했다.

2) 목표의 달성 여부

목표	세부 계획	달성 정도
공공기관에서 사회복지사가 하는 업무를 파악한다.	공문서를 찾아보고 어떤 방식으로 작성·실시되는지 알아보기	95%
	사회복지사 업무 관련 서적 및 지침 공부하기	40%

(계속)

목표	세부 계획	달성 정도
공공기관에서 사회복지사에게 필요한 기술과 정보를 습득한다.	실습지도자와 직원들의 업무 처리 방법을 관찰하고 배우기	90%
기관의 규칙과 규율을 지킨다.	항상 10분 이상 여유를 갖고 행동하기 규칙을 잘 지키기 조직 생활에 필요한 기본 예의를 갖추기	100%
실습지도자를 비롯한 기관의 직원분들과 원만한 관계를 갖는다.	실습지도자의 수퍼비전에 따르기	100%
	직원분들에게 예의를 갖추고 적극적으로 배우는 자세 갖기	95%

4. 서비스 실천 과정에 대한 평가/정책 및 행정 실습에 대한 평가

1) 문제 파악 및 자료 수집 능력/문제 인식 능력

공공기관, 특히 주민센터에서 사회복지사의 역할이 무엇인지에 대한 문제 인식을 명확히 하고 실습에 임하였으며, 실습 동안 잊지 않기 위해 노력하였다.

2) 문제 사정 능력/문제 분석 능력

실습 동안 문제 분석을 위한 정책 과제나 특별한 과제는 실습생에게 주어지지 않았다.

3) 개입 기술/문제해결을 위한 대안 제시 능력

실습 동안 특별히 요구되지 않았다.

4) 면접 기술/기존 지식과 정보의 사용 능력

기초생활 수급자 관련 서류를 작성하고 지원 내역 등을 검토할 때 학교에서 배운 「기초생활보장법」 관련 지식을 활용하였고, 보건복지부나 구청 홈페이지에 게재된 정보 및 관련 법과 제도에 대한 정보를 활용하였다. 주민센터 사회복지사의 업무는 법과 제도에 대한 정확한 지식이 필요하고 세부 지침에 대한 분명한 이해가 필요하다. 이것이 뒷받침될 때 실제 민원인 상담이나 업무를 할 때 혼란을 주지 않고 도움이 되는 것 같다.

5) 기록 기술/기록을 유지하고 활용하는 기술

주민센터 사회복지사에게는 업무에 대한 기록 유지가 필수적이며, 서류 작업이 매우 중요한 업무임을 알았다. 특히 민원인 상담을 할 때나 담당자가 자리에 없을 때 기록을 찾아보는 것이 도움이 되는 것 같다. 실습생으로서는 실습일지를 매일 작성하는 것이 생각보다 어려운 기술이었다. 생각한 것을 글로 정리하는 것이 어려웠으나 시간이 지날수록 편해져서 기록에도 연습이 중요하다고 생각하였다.

6) 클라이언트와의 전문적 관계 형성/유관 기관 및 관계인들과의 전문적 관계 형성

기관 내에 있는 사회복지사뿐 아니라 일반 공무원과의 관계 형성도 중요한 것 같다. 업무 협조를 받을 때, 질문을 할 때 등의 경우에 긴밀한 관계를 유지해야 도움이 되기 때문이다. 구청 내 사회복지 전담 공무원의 정기모임에 참여했는데, 이 모임에서 새로운 복지 정보를 얻을 수 있었고 지역사회 내의 공통 관심사를 나누고 서로 지지적인 관계도 형성하는 것을 볼 수 있었다.

5. 실습생의 자원 활용에 대한 평가(인적 · 물적 자원)

1) 기관 외 자원 활용

기관 내에 비치된 자료와 실습지도자 선생님 및 직원 선생님들로부터 받은 조언으로 필요한 점은 충분히 알 수 있었기 때문에 기관 외적 자원의 활용 필요성은 많이 느끼지 못했다. 하지만 외부기관 방문을 하거나 지역사회 공공기관 사회복지사 미팅에 참여함으로써 기관 외 자원 파악에도 주의를 기울였다. 또한 실습 중 실습지도교수님께 조언을 구하거나 실습기간 중 작성한 기록의 피드백을 받아 도움이 되었다.

2) 실습과 관련된 참고 서적 활용

기관에 업무 관련 서적이 거의 모두 비치되어 있었으며, 매년 정책 변경에 따른 서적이 나오기 때문에 필요한 부분은 찾아서 알아볼 수 있었다.

6. 실습에 임하는 자세에 대한 평가

1) 업무 관리

(1) 시간 준수, 과제 제출

항상 여유 있게 도착하는 등 시간 준수에 최선을 다했다. 실습일지는 항상 제때 제출하였다.

(2) 주어진 일에 대한 업무 조절 능력

주어진 일은 기관의 업무 특성상 한꺼번에 많은 일을 해내야 해서 스스로 조급함을 느끼며 행하는 경우가 많았다. 이에 대해 앞으로 스스로 자기관리 능력이 필요함을 느꼈다.

2) 직원과의 관계(실습지도자, 다른 직원, 다른 전문직 직원)

기관의 전 직원이 탁 트인 한 층의 공간을 함께 사용했기에 모든 직원을 알 수 있었고 대체로 원만한 관계를 맺었다. 세무 업무, 민원실, 사회복지 이외의 부분에 대해서는 실습생으로서 접하기 어려운 부분이 있었지만 주민센터장님이 격려를 많이 해 주셔서 직원과의 관계 형성도 쉬웠던 것 같다.

3) 실습에 있어서의 적극성 및 자발성

초반에는 공공기관에서 쉽지 않은 실습 기회를 주셔서 조심스러웠고, 공공기관의 특성과 업무에 방해가 될까 봐 적극적으로 나서기 힘들었다. 하지만 실습 첫 주가 지난 후에는 점차 적응이 되었고, 이후 스스로 적극적으로 나서서 알아보며 많은 업무를 경험하기 위해 노력하였다.

7. 전문적 태도에 대한 평가

1) 사회복지사로서 실습생 자신의 장·단점에 대한 인식

내성적인 성격을 갖고 있기 때문에 많은 사람과 접하고 대해야 하는 사회복지 업무를 하는 데 있어 좀 더 적극적으로 나서야 할 필요성이 있다고 생각한다. 자신의 성격에 대해 잘 인식하고 있으며 수정하려고 많은 노력을 하고 있다.

2) 전문가로서 윤리 및 가치관의 이행

사회복지란 사람들의 삶의 질을 높이기 위한 일을 행하는 것이므로 사회복지 윤리 및 가치관을 정립하는 것이 중요하다고 생각한다. 민원 업무가 많은 공공기관 사회복지사의 업무 특성상 존중하는 자세, 비밀보장의 원칙, 개별화의 원칙 등 사회복지 가치관을 다시 생각해 보게 되었다.

8. 실습지도 활용 정도에 대한 평가

1) 실습생 자신의 실습지도 활용 정도에 대한 평가

(1) 기관 실습지도

실습지도자뿐만 아니라 다른 사회복지사 선생님, 직원분들께도 많은 조언과 지도를 받을 수 있었으며, 배우고 수정할 수 있었다.

(2) 대학 실습지도

온·오프라인 실습세미나를 통해 실습지도교수님에게 지도받을 수 있어 실습 진행에 따라 수정해야 할 점, 반드시 배워야 할 점이 무엇인지 잘 알 수 있었다.

2) 실습지도 자체에 대한 평가

(1) 기관 실습지도

주민센터장님이 사회복지현장실습생을 허락해 주시고, 실습지도자 및 많은 직원 분이 업무에 대해 자세히 알려 주고자 하셨기 때문에 좋은 실습지도를 받을 수 있었다고 생각한다.

(2) 대학 실습지도

실습기간에도 인터넷 카페를 통해 실시간으로 지도받을 수 있었다. 하지만 실습 초반에는

실습기관에 적응하느라 자주 카페를 이용하지 못해 정보 습득이 늦었고 과제 제출이 늦어져 반성하였다.

9. 기관 이해도에 대한 평가

1) 실습생의 과업과 관련된 기관의 목적, 정책, 행정 절차에 대한 이해

기관의 목적, 정책, 행정 절차에 대해 기본적 부분은 이해하고 있으며, 보다 세부적인 내용을 파악하기에는 실습기간이 짧았고 앞으로 많은 경험과 공부가 필요하다고 생각한다.

2) 실습생으로서의 기관 내 권한과 한계에 대한 인식

공공기관의 특성상 공적 신분을 가진 사회복지사의 책임성이 매우 중요하므로, 실습생의 권한이 최소한이며 한계가 있음을 잘 알고 있다.

10. 실습기간 중 가장 유익했던 내용

주민센터에서 실습을 하게 된 점 자체가 매우 유익했다. 가장 유익했던 내용은 마지막 주에 행한 기초노령연금 문서를 확인하는 작업이었다. 이 일을 함으로써 직접적으로 공공기관 사회복지사 업무의 무게와 책임을 느낄 수 있었다.

11. 실습기간 중 가장 안 좋았던 내용

공공기관 사회복지사업에 대해서 불만을 갖고 오신 민원인을 보게 되었는데, 일방적 입장만 피력하는 모습을 보고 이에 대응해야 하는 사회복지사의 노고가 느껴졌다. 공공기관의 사회복지 업무 특성상 많이 겪는 일이라고 들었는데, 이에 대한 대처 능력이 필요함을 알 수 있었다.

12. 실습기관, 실습지도자, 대학에 대한 건의사항: (생략)

13. 그 밖에 하고 싶은 말

주민센터에서 실습을 하게 해 주셔서 다시 한 번 감사드립니다. 앞으로 사회복지 공무원이 되고자 하는 저에게 실제 사회복지 공무원의 업무를 경험하는 좋은 기회가 되었고, 스스로 부족한 점이 무엇인지 잘 알 수 있었습니다. 앞으로 이를 보완하여 훌륭한 사회복지 전담 공무원이 되기 위해 노력하겠습니다. 감사드리며 앞으로도 많은 지도 부탁드립니다.

〈예시 2〉

실습 종결 평가서

* 이 평가서는 사회복지현장실습 지침서를 참고하여 종결평가 내용을 실습생 본인이 작성하며, 서술양식으로 작성한 뒤 실습지도자와 평가회를 갖는 것을 추천함.

실습생명	○○○	기관명	○○○노인복지관
실습기간	201○년 ○월 ○일~○월 ○일	실습지도자명	○○○ 과장님
실습 평가일	201○년 ○월 ○일	실습지도교수	○○○ 교수님

1. 실습기관 소개

1) 일반 현황 (생략)

(1) 기 관 명:
(2) 기 관 장:
(3) 소 재 지:
(4) 전 화:
(5) 팩 스:
(6) 홈페이지:

2) 운영 주체 (생략)

(1) 설 립:
(2) 운영 법인:
(3) 위탁 운영 기간:

3) 설립 목적

급속한 고령화에 대응할 수 있도록 지역사회 내에서 자원 체계를 통합하여 어르신의 특성과 다양한 욕구에 맞는 차별화된 교육과 여가 선용 프로그램을 제공함으로써 '어르신의 삶의 질'을 향상시키고, 건강하고 활기찬 노후를 보낼 수 있도록 돕기 위함.

4) 사업 소개

○○○노인복지관에서는 총 14개 사업(평생교육사업, 노인일자리사업, 경로당여가문화보급사업, 노인전문상담사업, 건강증진사업, 자원봉사활성화사업, 후원사업, 노인돌봄기본서비스사업, 지역복지사업, 홍보·출판 사업, 재가복지사업, 사랑의 나나들이사업, 복리후생사업, 자활근로사업)이 운영되고 있으며, 사업 안에서는 다양한 세부 프로그램이 진행되고 있음.

2. 실습 기간 및 시간

실습기간은 201○년 ○월 ○일부터 ○월 ○일까지 ○일간 오전 9시부터 오후 6시까지 하루 8시간씩 총 144시간 실습을 이수하였음.

3. 실습 목표

1) 실습생의 목표

실습생으로서의 제 목표는 학교에서 습득한 노인복지에 관한 지식과 기술의 실천적 적용 및 노인복지 현장에서의 사회복지사 역할 이해, 사회복지사로서의 역량 신장임.

2) 실습기관의 목표

학교에서 배운 사회복지이론을 사회복지 실천 현장에 적용하는 과정을 통하여 전문가로서 갖추어야 할 지식, 기술, 가치관을 내재화한 후 사회복지 전문가로서의 자질과 능력을 향상시킬 수 있도록 함.

4. 실습 내용 소개

1) 실습 일정
2) 교육 · 참관 사항
3) 담당 업무

실습 일정	교육 · 참관 사항	담당 업무
201○년 ○월 ○일~ ○월 ○일	– 기관사업 오리엔테이션을 통해 전반적인 사업 내용을 교육받음. – 사회복지 행정 실무를 교육받음. – 이력서 및 자기소개서 작성법을 교육받음. – 윤리적 딜레마와 의사결정 방법을 학습함.	– 총 14개 사업의 내용을 파악하고 사업 안의 구체적인 세부 프로그램을 이해함. – 기안문 및 기관 특성에 맞는 문서를 작성해 봄. – 이력서와 자기소개서를 직접 작성해 보면서 올바른 작성법을 익힘. – ○○○, ○○○ 실습생과 함께 3인 1조를 구성하여 윤리적 딜레마가 있는 사례를 정하고 그에 따른 문제 해결 방안을 찾아봄.
201○년 ○월 ○일~ ○월 ○일	– 평생교육 프로그램을 모니터링함.	– 기관 내에서 진행되고 있는 평생교육 프로그램을 모니터링하면서 각 프로그램의 진행 방식 및 수업 환경 등을 직접적으로 관찰함.

(계속)

실습 일정	교육 · 참관 사항	담당 업무
201○년 ○월 ○일~ ○월 ○일	– 노인일자리사업을 모니터링함.	– 사업이 진행되고 있는 ○○시장, ○○시장과 ○○초등학교, ○○초등학교를 방문하여 어르신들이 일하고 있는 환경 및 불편 사항을 알아봄.
201○년 ○월 ○일~ ○월 ○일	– 201○년도 2학기 평생교육사업의 수강신청을 보조하고 상반기 만족도 조사를 코딩함.	– 업무 분장을 통해 일일 임시회원증을 발급해 주는 역할을 하면서 어르신들을 많이 상대함.
201○년 ○월 ○일~ ○월 ○일	– 노인일자리사업의 중간 평가회를 준비함. – 사할린 한국문화 체험기 프로그램을 참관함.	– 어르신들에게 중간평가회를 안내하는 연락을 돌렸음. – 사할린 어르신들에게 다과를 돌리고 떡을 만드는 것을 보조하였음.
201○년 ○월 ○일~ ○월 ○일	– 노인일자리사업인 ○○○ 공동작업장에 참여하여 함께 작업함.	– 어르신들의 일을 도우며 일자리를 체험하였음.
201○년 ○월 ○일~ ○월 ○일	– 식사 배달 사업의 실제 및 가정 방문 대상자를 인테이크함.	– 어르신댁을 직접 방문하여 기본 정보, 개인력, 가족력, 병력 등의 정보를 수집하고 문제 및 욕구를 발견하여 서비스를 계획하였음.
201○년 ○월 ○일~ ○월 ○일	– 노인돌봄기본서비스사업의 대상자 어르신들을 모니터링함.	– 세 분의 어르신댁을 방문하여 돌보미 선생님에게 활동의 어려움이 없는지 물어보고, 어르신의 집안 상태를 점검한 후 현재 건강 상태를 확인함.
201○년 ○월 ○일~ ○월 ○일	– 노인돌봄 밑반찬 및 식사 배달을 봉사자 어르신과 함께 다녀옴. – 경로당을 방문하여 실습생 집단 프로그램을 진행함.	– ○○○ 어르신과 함께 식사 배달을 하면서 봉사자의 고충을 들을 수 있었음. – 3인 1조로 구성된 팀 별로 '실버 ○○○'이라는 제목으로 직접 계획한 프로그램을 네 곳의 경로당에서 진행하고 시상식과 마무리를 담당하였음.

(계속)

실습 일정	교육 · 참관 사항	담당 업무
2010○년 ○월 ○일~ ○월 ○일	- 교육형 사업단 중간 평가회를 보조 진행함. - 노인일자리사업을 모니터링함.	- 교육형 사업별로 어르신들의 출석을 확인하고 간식을 나눠 드림. - 네 곳을 찾아가 어르신들이 어떻게 활동하고 계신지 보고 중간 평가회에 대해서 다시 한 번 안내해 드림.
2010○년 ○월 ○일~ ○월 ○일	- 노인일자리사업을 모니터링함. - 사업단 중간 평가회를 보조 진행함.	- 두 곳의 어린이집을 방문하여 어르신들의 교육 진행 사항을 파악함. - 사업별로 어르신들의 출석을 확인하고 만족도 조사를 도와드림.
2010○년 ○월 ○일~ ○월 ○일	- 노인일자리사업을 모니터링함.	- ○○지역아동센터에 방문하여 무대 세팅 준비를 지원함.
2010○년 ○월 ○일~ ○월 ○일	- 세대공감 ○○○○ 프로그램을 참관하며 보조함. - 경로당여가문화보급사업의 상반기 만족도 및 하반기 욕구 설문조사를 함.	- ○○○ 사회복지사님이 진행하시는 프로그램에서 어르신들을 안내하고 출석을 확인하며 간식을 나눠 주고, 비누 만들기 프로그램을 지원함. - ○○○ 사회복지사님, ○○○ 실습생과 함께 15곳의 경로당을 방문하며 상반기 만족도 조사 및 하반기 욕구 설문조사를 함.
2010○년 ○월 ○일~ ○월 ○일	- 세대공감 ○○○○ 프로그램을 보조하고 실습생 프로그램을 진행함. - 경로당여가문화보급사업의 상반기 만족도 조사 및 하반기 욕구 설문조사를 함.	- 실습생 진행 프로그램을 지원함. - ○○○ 사회복지사님, 공익요원, ○○○ 실습생과 함께 13곳의 경로당을 방문하여 상반기 만족도 및 하반기 욕구 설문조사를 함.
2010○년 ○월 ○일~ ○월 ○일	- 세대공감 ○○○○ 프로그램을 보조함. - 실습 종결 평가를 진행함.	- 프로그램의 보조로서 진행 및 평가를 도움. - 종결평가를 발표하고 많은 피드백을 받음.

5. 실습 목표 달성 정도

목표	목표 성취 전략	목표 달성 정도
학교에서 습득한 사회복지 관련 지식과 기술의 실천적 적용	노인복지분야의 사회복지 용어를 학습하고 배운 기술을 활용하여 현장에서 적용함.	90%
현장에서의 실천 활동에 대한 이해와 새로운 지식 습득	실습생으로서 적극적인 참여와 활동을 통해 노인복지기관의 사회복지사 역할과 업무를 배우기 위하여 노력함.	85%

6. 실습지도자와 실습지도 내용 소개

실습지도자	실습지도 내용
○○○ 부장님	이력서 및 자기소개서 작성법을 교육하고 그에 따른 피드백을 줌으로써 이력서 및 자기소개서를 완벽하게 작성할 수 있게 지도함.
○○○ 과장님	실습생의 출석과 일지를 꼼꼼하게 확인하고 실습의 모든 것에 대해 아낌없는 조언과 피드백을 줌으로써 최대한 많은 것을 얻어 갈 수 있도록 지도함.
○○○ 팀장님	노인일자리사업의 실제를 알려 줘서 현재 각 일자리사업별로 활동하고 있는 사업을 모니터링하며 직접 일자리를 체험할 수 있는 기회가 주어지게 지도함.
○○○ 팀장님	사회복지 행정 실무를 교육하고 기안문 작성에서 아낌없는 피드백을 하여 올바른 기안문 작성법을 지도함. 또한 기관 내 평생교육사업을 소개하며 모니터링을 함께하면서 안내를 지도함.
○○○ 사회복지사님	경로당여가문화보급사업에 대한 이해를 돕고 경로당 실습생 집단 프로그램을 계획한 것에 수퍼비전을 줌으로써 완벽한 프로그램이 진행될 수 있도록 지도함.
○○○ 사회복지사님	인테이크를 작성하는 것에 대한 수퍼비전을 주고 프로그램 계획서에 대한 피드백을 줌.
○○○ 사회복지사님	프로그램 계획서에 대해 많은 피드백을 주며 최종 계획서가 완성될 수 있게 지도함.

7. 실습 소감

1) 힘들었던 것

(1) 프로그램이나 다른 업무를 진행하는 동안 만난 어르신들은 대부분 협조적이었지만 일방적인 주장을 하시는 어르신들을 대응하는 것이 가장 힘들었음.

(2) 말하기 및 쓰기 능력이 부족하여 매일 실습하면서 느낀 점이나 생각을 표현하는 것이 쉽지 않아 힘들었음.

2) 배운 것

(1) 기관 내 모든 사업을 이해하고 그 사업이 진행되는 목적을 분명하게 앎.

(2) 사회복지사로서의 전문 가치와 윤리, 현장에 임하는 자세를 배움.

(3) 현장에서의 업무 외에도 프로그램 계획 및 진행, 사업 모니터링 등을 통해 다양한 사회복지사의 자질을 배움.

(4) 사례관리를 통하여 대상자를 직접 만나 보고, 어르신과 대화하여 자연스럽게 라포를 형성하며, 정보를 수집하는 방법을 배움.

(5) 행정 업무를 교육받고 일지 작성, 문서 작성을 계속하면서 다른 사람들이 읽었을 때 이해하기 쉽도록 작성할 수 있는 능력을 익힘.

8. 향후 실습을 위한 제언

1) 무엇보다 실습을 처음 시작할 때의 초심을 잃지 않고 끝까지 진지한 모습으로 실습에 임하는 것이 필요하며, 함께하는 실습생 동료와 잘 어울려 팀워크를 형성하면서 적극적으로 실습에 임하는 모습이 필요하다고 생각함.

2) 실습의 전 과정을 충실히 수행하여 실습 결과물을 잘 기록하고 작성해 둔다면 배운 지식과 경험을 오랫동안 간직하고 키워 갈 수 있을 것으로 생각함.

3) 긍정적인 마음으로 최선을 다한다면 실습기간이 어렵거나 힘들지 않고 더 많은 것을 배울 수 있을 것이라고 생각함.

9. 실습지도자와 기관에 대한 감사의 글

사회복지 지식과 기술 등 여러 방면으로 부족한 저를 ○○○노인복지관에서 실습할 수 있게 선발해 주신 기관과 실습지도자 선생님께 감사드리며, 기관에서 실시하는 다양한 프로그램을 조금씩 다 경험해 보고 직접 느껴 볼 수 있도록 많은 기회를 주셔서 정말 감사드립니다. 또한 실습지도자 선생님과 일선 사회복지사님들의 열정적인 피드백 및 알찬 과제, 하나라도 더 알려 주려는 실습생에 대한 관심으로 이번 실습을 통해 값진 경험을 할 수 있게 해 주셔서 정말 많이 배우고 갑니다.

사회복지 학부생으로서 ○○○노인복지관 실습을 통해 사회복지사의 자질, 행정 업무, 다양한 실습 경험을 할 수 있었고, 관련된 지식을 많이 쌓을 수 있었습니다. 또한 이번 실습을 통해 저의 부족한 점을 많이 느끼고 알게 된 계기가 되어 정말 좋았습니다. 앞으로 더 열심히 노력하여 아쉬웠던 점과 부족한 점을 보완해 가며 한 단계씩 발전함으로써 계획하고 있는 다음 심화실습에서는 더 발전하는 예비 사회복지사가 되도록 노력하겠습니다. 감사합니다.

---

2. 기관의 현장실습 평가

실습기관에서는 실습생의 실습에 관련된 평가가 이루어진다. 실습지도자는 실습 평가서와 실습 확인서를 작성하여 실습 종료 후 그것을 학교(교육기관)로 보내 주어야 한다. 특히 실습 확인서는 사회복지사 자격증 신청에 있어 필수 서류이므로 발송 후 실습생과 학교에 연락해서 수신 여부를 확인하는 것이 필요하다. 또한 실습생도 자신의 실습 확인서 발송 및 수신 여부를 잊지 말고 확인하여야 한다.

또한 실습지도자는 진행한 실습 프로그램에 대하여 실습지도 평가를 실시할 수 있다. 실습지도 평가는 실습이 종료되는 시점에 실습생을 대상으로 시행하며, 설문지를 이용해서 평가한다. 실습기관에서는 이 결과를 활용하여 다음 실습지도 계획에 반영한다. 실습지도 평가 설문지의 항목은 실습 오리엔테이션, 각종 교육, 기관 및 지역사회 분석, 전체적인 실습 내용, 실습 간담회, 실습 보고회 등을 중심으로 구성하며 5점 척도로 평가한다(오혜경, 하지영, 2010).

1) 실습 평가서

표 6-3 실습 평가서 작성 예시

실습 평가서(교육기관 발송용)

기관명	○○종합사회복지관	실습지도자	○○○ 선생님
실습 부서	사회복지관 총괄	실습지도교수	○○○ 교수님
실습기간	201○년 ○월 ○일~○월 ○일(15회, 120시간)		
실습생	○○○	평가 일시	201○년 ○월 ○일

* 출석상황

■ 무단결석 없음 □ 무단결석 1회 □ 무단결석 2회 □ 무단결석 3회 이상

* 다음은 실습생에 관한 평가입니다. 실습생이 실습지도 기간에 보여 준 태도와 행동을 기준으로 다음 항목에 솔직하게 평가해 주기 바랍니다. **실습 내용에 포함되어 있는 사항에 관해서만** 평가해 주시고, 평균에는 평가 항목 총점을 평가 항목 개수로 나눈 점수를 기입하면 됩니다. (1점: 매우 그렇지 못하다~5점: 매우 그렇다)

항목	내용	1	2	3	4	5
실습지도에 대한 태도	1. 실습지도 시간을 엄수한다.				V	
	2. 적극적이고 긍정적인 자세로 실습지도에 참여한다.					V
	3. 실습지도에서 지적된 내용을 수용한다.					V
	4. 배우는 입장에서 진지하게 노력하고 발전하려는 태도를 갖는다.					V
	5. 실습지도자와 실습생으로서 공식적 관계를 형성한다.					V
기관 이해 및 관계 유지	6. 동료 실습생과 긍정적이고 원만한 협력 관계를 유지한다.					V
	7. 기관의 목적, 정책, 규칙, 사업 내용을 이해한다.				V	
	8. 기관 내에서 실습생으로서의 권한과 한계를 알고 일한다.					V
	9. 기관 내 다른 직원과 협조적인 대인관계를 형성·유지하여 업무를 처리한다.				V	
기본 태도와 자질	10. 일의 우선순위를 결정하는 능력이 있다.				V	
	11. 할당된 시간 안에 일을 계획하고 수행한다.				V	
	12. 자신의 장점과 단점을 잘 인식하고 대응한다.					V
	13. 사회복지 실천 지식을 실습 내용에 적용한다.				V	
	14. 사회복지 실천의 가치와 윤리를 갖고 임한다.				V	
	15. 전문가로서의 편견, 선입견, 고정관념을 인식하고 객관성을 유지한다.				V	

(계속)

항목	내용	1	2	3	4	5
기본 태도와 자질	16. 실습지도 내용을 실행에 옮긴다.					∨
	17. 실습 과정을 책임감 있게 수행한다.				∨	
기록	18. 기록, 보고서 등을 정해진 일시에 제출한다.					∨
	19. 실습 내용을 사실에 근거하여 정확하게 기록한다.					∨
	20. 실습 내용을 체계적이고 구체적으로 기록한다.				∨	
	21. 클라이언트와의 상호작용 및 실습생의 사고와 감정을 기록한다.					∨
	22. 실습지도를 통해 지적된 사항 및 배운 것을 정확히 기록한다.					∨
전문적 태도와 관계 형성	23. 클라이언트와 전문적 관계를 형성하고 활용한다.				∨	
	24. 전문적 관계 형성에서 동정과 감정이입을 구별하여 적용한다.				∨	
	25. 주변의 자원을 파악하고 그것을 활용하려고 노력한다.					∨
	26. 비심판적이며 경청과 수용의 태도를 갖는다.					∨
	27. 클라이언트의 능력과 동기의 한계를 수용한다.					∨
	28. 실습지도자가 지시한 것을 잘 파악하여 실행에 옮긴다.					∨
개인에 대한 개입	29. 클라이언트가 표현한 의사소통과 암시적인 의사소통을 이해한다.				∨	
	30. 실습생이 의도한 바를 클라이언트에게 명확하게 전달한다.				∨	
	31. 클라이언트의 문제와 상황에 관련된 정확한 자료를 수집한다.					∨
	32. 수집된 자료를 체계적으로 종합하고 이론에 기초하여 사정한다.				∨	
	33. 클라이언트의 가족 등 주변의 지지 자원을 활용한다.				∨	
	34. 클라이언트와 환경의 상호역동성의 이해 아래 개입 목표와 전략을 수립한다.				∨	
	35. 개입 목표에 따라 클라이언트의 긍정적인 변화를 유도한다.					∨
가족에 대한 개입	36. 가족의 역동성을 파악하고 가족 상황에 관련된 정확한 자료를 수집한다.					
	37. 가족의 구조를 명확히 이해하여 필요한 가족 개입의 기술을 활용한다.					
	38. 가족의 상호역동성의 이해 아래 개입 목표와 전략을 수립한다.					
	39. 가족 구성원을 개별화하고 그들이 긍정적으로 변화하도록 유도한다.					
집단에 대한 개입	40. 집단 역동을 파악하여 의미 있는 개입으로 집단을 지도한다.					∨
	41. 집단에서 주 진행자와 보조 진행자의 의미와 역할을 알고 실천한다.					∨
	42. 집단의 구조를 명확히 하고 필요한 집단지도의 기술을 활용한다.				∨	
	43. 집단 구성원을 개별화하고 그들 간 의미 있는 관계를 형성하도록 한다.					∨
	44. 집단의 목적에 대해 정확히 사정한다.				∨	
	45. 정확한 사정에 입각하여 적절한 프로그램을 계획하고 실행한다.				∨	
	46. 집단의 상호작용이 목적 지향적이고 구성원이 긍정적으로 변화하도록 한다.					∨
지역사회에 대한 개입	47. 지역 주민들이 지역사회의 요구와 문제를 파악하도록 돕는다.					
	48. 파악된 지역사회 요구를 사회행동으로 계획하고 실행한다.					
	49. 지역사회 구조와 권력에 대해 이해하고 그 지역사회 상황을 정확히 파악한다.					
	50. 지역사회 자원을 정확히 파악하고 접근한다.					

(계속)

항 목	내 용	1	2	3	4	5
정책 및 행정 분야	51. 정책 형성 및 개선과 관련된 이해집단의 문제 상황 및 요구와 정책 발의자들 및 집행자들의 이해관계를 정확하고 객관적으로 이해한다.					
	52. 정책 형성 및 개선과 관련된 이해집단과 건설적이고 전문적인 관계를 맺는다.					
	53. 문제 상황에 적합한 정책 대안을 개발하는 데 적극적으로 참여한다.					
	54. 기본 정보를 정확히 사용하며 실증적인 자료 분석의 지식을 갖고 문제를 분석한다.					
	55. 사회복지 행정 체계 및 전달 체계에 대해 정확하게 이해한다.					
기관 고유 항목*	56. 사회복지사로서 사람에 대한 관심과 열정을 가지고 있다.					V
	57.					
	58.					
	59.					
	60.					

* 기관 고유 항목에는 기관의 특성과 실습 상황에 맞는 평가 항목을 실습지도자가 추가적으로 직접 기입하고 평가할 수 있습니다.

총 평	(실습생의 실천가로서의 장단점 및 대학에 대한 건의) ○○○ 실습생은 사회복지학과 복수전공 학생으로서 실습 시작이 순탄하지 않았지만 그만큼 최선을 다하고자 노력하는 모습을 보였습니다. 복학 후 바로 실습에 참여하면서 사회복지현장실습에 대한 정보가 부족하고 연계가 쉽지 않았지만 자신의 약점을 알고 개선하고자 부단히 노력하는 학생이었습니다. 특히 실습을 통해 인간의 존엄성이 사회복지분야뿐만 아니라 모든 분야에서 중요한 가치임을 깨닫는 시간을 가질 수 있어서 실습지도자로서 감사한 실습생이었습니다. 장애인, 노인, 아동·청소년 등 클라이언트와의 만남에서 적극적인 자세로 임하였으며 사람에 대한 편견과 고정관념 없이 누구나 평등하게 대접받을 수 있는 인간 존엄성을 직접 실천하고자 노력하는 모습을 보였습니다. 특히 클라이언트와의 교감을 중요시 여기고 사람의 감정과 관계에 민감하게 대처하였습니다. 이러한 학생의 경험이 어떤 분야에서든 잘 녹아들고 현장에서의 깨달음을 잘 실천할 수 있도록 많은 가르침 부탁드립니다.			
평가 문항 개수	43개	총점	195점	
평균 (총점÷평가 문항 개수)	4.5 **(기록 후 테이프 부착하여 실습지도자 서명 요망)**			
평점 부여	■ A+	□ B+	□ C+	□ D+
	□ A0	□ B0	□ C0	□ D0
	□ A-	□ B-	□ C-	□ D-
	□ F			

실습지도자: ○ ○ ○ (인)

실습기관장: ○ ○ ○ (인)

2) 실습 확인서

표 6-2 사회복지현장실습 확인서 작성 예시

- **[성명 · 주민등록번호]** 자격증빙서류의 성명 · 주민등록번호와 일치하게 기입

- **[실습기관명]** 실습기관명을 정확하게 기입
- **[실습기간]** 실제 실습을 진행한 날짜 기입
- **[실습 시간]** 실제 실습의 총 시간 기입
- **[실습지도자명 · 사회복지사 자격번호]** 실습지도자명과 실습지도자의 자격번호, 취득일을 정확하게 기입
- **[실습지도자 경력 기간]** 실습지도자의 자격증 취득 후 전체 사회복지 관련 경력을 상세히 기입(전직 기관 및 현직 기관)

- **[실습지도자]** 실습지도자명 기입 후 지도자 서명 및 직인
- **[실습기관]** 실습기관명 기입 후 기관 직인
- **[실습지도교수]** 실습지도교수명 기입 후 교수 서명 및 직인

사회복지현장실습 확인서

실습생 인적 사항	성명	○○○	주민등록번호	123456-7891011
	주소	※ 도로명 주소로 기입해 주세요		
	전화번호	02-○○○-○○○○	휴대전화	○○○-○○○○-○○○○
	학교/학과명		실습지도교수명	○○○
실습 기관 정보	실습기관명		전화번호	02-○○○○-○○○○
	주소	※ 도로명 주소로 기입해 주세요		
	실습기간	201○년 ○월 ○일~ 201○년 ○월 ○일		
	실습 시간	총 120시간(매주 월요일~ 금요일, 1일 8시간)		
	실습 내용	클라이언트 인테이크, 상담, 집단 프로그램 진행 등		
	실습 지도자명	○○○	사회복지사 자격번호(취득일)	1-10234(1995. 1. 1.)
	실습지도자 경력 기간		담당 업무	
	1995년 1월 1일~2000년 12월 31일		○○종합복지관 지역사회조직 팀장	
	2001년 1월 1일~현재		○○종합사회복지관 지역사회보호 부장	

위와 같이 실습 내용을 확인합니다.

201○년 7월 1일

실습지도자: ○○○ (서명 또는 인)
실습기관: ○○종합사회복지관 (직인)

201○년 7월 1일

실습지도교수: ○○○ (서명 또는 인)

한국사회복지사협회장 귀하

- 기관 방문이나 자원봉사 활동 등은 사회복지현장실습에 포함되지 않습니다.
- 허위 사실 기재로 판명될 경우 자격증 교부가 되지 않을 수 있습니다.

- 사회복지현장실습에 관한 기준 (「사회복지사업법 시행규칙」 제3조 관련 [별표 1])
  - 가. 실습기관: 법 제2조 제1항에 따른 사회복지사업과 관련된 법인 · 시설 · 기관 및 단체로 한다.
  - 나. 실습지도자: 사회복지사 1급 자격증을 소지한 자로서 3년 이상 또는 사회복지사 2급 자격증을 소지한 자로서 5년 이상 사회복지사업의 실무경험이 있는 자가 실습을 지도하여야 한다.
  - 다. 실습 시간: 현장실습 시간은 120시간 이상으로 한다.
- 위의 법적 기준은 모두 충족해야 하며, 미충족 시 자격증 취득이 불가능합니다.

※ 홈페이지(http://welfare.net)에서 '사회복지현장실습 확인서 작성 예시' 참고 요망

출처: 한국사회복지사협회(2013a).

3. 학교의 현장실습 평가

1) 기관의 실습 평가서 및 실습 확인서 확인

실습이 종료되면 기관에서 학교로 학생에 대한 실습 평가서와 실습 확인서를 발송한다. 학교에서 기관에서 발송한 평가서와 확인서를 확인하고 실습지도교수의 평가를 더하면 비로소 현장실습 교과목에 학점이 부여된다. 평가비율은 실습지도교수에 따라 다른데 보통 실습지도자와 교수의 평가를 통합하여 산정한다. 실습 종료 전 실습생은 실습지도자에게 실습 평가서 발송에 대해 확인할 수 있도록 한다. 몇 년 전부터는 사회복지사 자격증 신청 시 사회복지현장실습 확인서를 첨부해야 하므로 실습 확인서를 졸업할 때까지 잘 보관하는 것도 중요하다. 개별 학생에게 주는 것보다는 학과에서 잘 보관한 후 졸업할 때 학생들이 일괄 신청하도록 하는 것이 안전하다.

2) 실습 과목 수강신청 및 학점 인정

방학 중 시행한 실습은 다음 학기 학점으로 인정된다. 따라서 학생들은 대개 2월과 8월에 실시하는 다음 학기 교과목 수강신청에서 현장실습 교과목을 신청해야 학점으로 인정받을 수 있으므로 방학 중에 실습을 한 경우 실습 후 수강신청하는 것을 잊지 말아야 한다. 학생의 개인 사정으로 갑자기 휴학하는 경우 실습 교과목에 대해 학점을 인정받을 수 있는지 등의 사항은 보통 각 학과의 내규로 정하고 있으므로 실습지도교수와 반드시 의논하도록 한다. 학기 중 실습의 경우는 다른 교과목과 같이 학기 시작 전에 수강신청을 하고 학기 말에 성적을 받으면 된다.

제7장

사회복지현장실습세미나

실습은 실습생과 실습기관 그리고 학교(교육기관)가 협력하여 진행하는 과정이다. 따라서 실습기관뿐만 아니라 학교에서도 실습생 지도에 노력을 기울여야 하며, 동시에 실습기관과의 연계 활동에도 주의를 기울여야 한다. 무엇보다도 실습 교육의 책임은 학교에 있으므로 실습생을 보호하고 실습 과정을 모니터링하며 미래의 사회복지사로서 적절한 현장 경험을 할 수 있도록 지도해야 한다. 따라서 학교에서도 적절한 실습지도가 필요하며 이것은 실습세미나를 통해 이루어진다.

실습세미나는 다음과 같은 내용을 다룬다(한국사회복지사협회, 2013a).

① 학생의 실습 과정에 관한 강점 및 개선점을 점검함.
② 현장에서 적용한 사회복지실천의 방법 및 기술을 이론적으로 정리하여 지식과 경험을 통합할 수 있도록 지도함.
③ 실습 현장에서 직·간접적으로 경험한 사회복지실천과정이 다양한 클라이언트 체계에 미치는 영향에 대해 탐색하도록 지도함.
④ 사회복지조직으로서의 실습기관의 기능과 역할에 대해 이해하도록 토론을 유도함.
⑤ 실습기관이 속한 지역사회의 욕구를 파악한 것을 토대로 실습기관 서비스

간의 연계에 대해 이해하도록 토론을 유도함.

⑥ 실습 내용을 사회복지정책, 사회복지법규 및 제도와 연계하여 이해하도록 토론을 유도함.

⑦ 사회복지실천현장에서 직면하는 윤리적 딜레마에 대해 토의함.

⑧ 사회복지사로서의 전문적 자기인식에 대해 정리함.

⑨ 실습생이 자신의 실습과정에 대한 평가를 통해 반영적 실천(reflective practice)을 경험하도록 지도함.

1. 학교 실습세미나

학교에서는 실습세미나를 통해 실습생들에게 지도를 한다. 이러한 실습세미나는 학교의 실습지도교수와 실습생들이 정기적으로 만나서 진행하는 방법, 온라인으로 지도하는 방법이 있으며, 최근에는 이 둘을 병행하는 경우가 늘고 있다.

1) 대면 지도

학교 실습세미나는 정기적으로 실습 담당 교수와 실습생인 학생들이 만나서 진행하는 방법이다. 학교 실습세미나를 통해서 실습생은 자신뿐만 아니라 다른 실습생들의 실습을 간접 경험할 수 있으며 다양한 사회복지현장에 대해서도 알 수 있게 된다.

세미나는 주로 학교 강의실에서 이루어지며 학기 중 실습은 주 1회 3시간 제공, 방학 중 실습은 한 학기(15주)를 기준으로 45시간을 제공한다. 학교 실습세미나 수업을 효과적으로 진행하려면 수업의 규모도 적절해야 한다. 한국사회복지사협회와 한국사회복지교육협의회는 교수 1인당 담당하는 실습생을 30명 이하로 규정하고 있으며, 30명을 초과할 때는 분반하여 담당하도록 하고 있다. 그러나 집단적으로 진행되는 형식이기에 지도교수와 실습생들 간의 상호작용이 원활하게 이루어지기 위해서는 15명 내외가 적당하다.

학교 실습세미나는 시간의 흐름에 따라 크게 세 가지 순서로 나누어서 진행된다. 첫 번째 과정은 실습생들이 실습을 시작하기 전에 진행하는 것으로 실습 일정, 실습 시 주의 사항, 학교에서의 실습 지원 내용, 관련 행정 처리 방법 등에 대해 실습생들에게 알려 준다.

두 번째 과정은 실습 중에 진행하는 세미나로 실습생들이 실습하고 있는 실습기관 소개, 실습 목적, 실습 내용 등에 대해 서로 소개하고 의견을 나누는 방식으로 진행된다. 이러한 과정 속에서 자연스럽게 실습생들 간의 동료집단 수퍼비전이 이루어질 수 있다. 즉, 실습 중에 경험하는 여러 가지 사건 및 갈등에 대해서 이야기하고 그것에 대해 동료 실습생들과 나누는 과정 속에서 실습생은 자신을 객관적으로 돌아볼 수 있고 자신의 감정을 다룰 수 있게 된다. 이를 통해 실습생은 향후 사회복지 현장에서 겪을 수 있는 사건이나 갈등 상황에 대처하는 연습을 할 수 있게 되어 이는 결국 실습생 자신의 성장에 많은 도움이 될 것이다. 그리고 실습지도교수는 실습생들의 지지자이자 문제해결의 지원자로서의 역할을 수행하게 된다. 필요에 따라서는 관련 이론에 대한 강의가 이루어질 수도 있다. 또한 지도교수는 실습 확인서와 실습 평가서 등의 필요한 서류를 제때 제출할 수 있도록 세미나 시간을 통해 공지해야 한다.

세 번째 과정은 실습을 종결한 뒤 실습생들이 자신의 실습 내용을 평가하는 것으로 많은 경우 현장실습 발표회의 형식으로 진행한다. 이러한 평가를 바탕으로 문제점을 분석하고 대안을 제시하면서 더 나은 실습 교육을 위한 기회가 제공된다. 또한 실습생들의 실습 내용 및 세미나에서 나온 평가 내용을 모아서 실습보고서를 만들면 향후 후배들이 실습을 할 때 참고할 수 있는 좋은 자료가 된다. 실습보고서는 기관 유형별로 구분하여 기관 분석 보고서, 간략한 실습 내용, 실습 종결 평가서, 실습 소감 등을 재정리하여 만드는 것이 좋다. 한편, 현장실습 발표회를 할 때 실습기관의 실습지도자들도 참석하도록 요청할 수 있다. 이때 실습지도자들은 실습기관들 간의 실습 내용을 서로 비교해 보면서 향후 더욱 발전적인 실습을 위한 정보를 얻을 수 있다.

표 7-1 **실습 강의계획서 예시**

사회복지현장실습 강의계획서

1. 학습 목표

본 교과목은 학교에서 배운 사회복지실천의 이론, 지식, 기술을 기초로 사회복지실천현장을 직접 경험함으로써 특정 대상 및 사회문제에 전문적으로 개입할 수 있는 사회복지사의 능력을 배양하는 것에 목적이 있다. 이상의 목적을 달성하기 위해 다음과 같은 세부 목표를 갖는다.

첫째, 사회복지사로서의 정체성을 확립한다.
둘째, 특정 대상 및 사회문제 개입에 필요한 사회복지 실천 이론과 기술을 습득 · 확인한다.
셋째, 사회복지 실천의 가치를 이해하고 실천한다.
넷째, 사회복지 조직의 특성을 이해하고 조직 및 인간관계에 필요한 기술을 연마한다.
다섯째, 실습 경험의 공유를 통해 다양한 사회복지 분야를 경험하고, 자원 개발 및 활용의 기회로 삼는다.

2. 교재

한국사회복지사협회(2013a). 사회복지현장실습 안내서.

3. 강의 방법

현장실습, 실습지도 세미나, 개별 및 소집단 수퍼비전

4. 학습 평가 방법

실습지도자의 실습 평가서 60%, 실습지도교수의 평가(실습 과제, 세미나 참여 등) 30%, 출석 10%

5. 과제물

1) 현장실습세미나를 위해 개설된 온라인 카페에 실습일지 등 실습 과제 탑재
: 일주일 단위로 매주 토요일 오후 10시까지
* 실습 과제는 일지, 개별 상담, 프로그램 평가, 자료 조사 등 실습기관의 일체 과제 포함, 실습일지에 대해 실습지도교수의 실시간 온라인 수퍼비전 제공, 이에 대해 수강생들은 댓글을 달아서 양방향 수업이 되도록 함.

2) 위클리커멘트 작성 및 탑재
: 주간 강의 계획에서 밑줄 친 주제에 대한 자신의 생각, 느낀 점, 질문 등을 정리하여 A4용지 1장으로 정리(10point, 160%)

3) 실습 과제 일체를 제본하여 제출(제출 시기는 추후 공지)

6. 유의 사항

1) 실습세미나에서 논의된 기관 및 개인 정보는 반드시 비밀을 보장한다.
2) 각종 과제는 정해진 기한 내에 탑재 및 제출한다.
3) 실습세미나는 강의식 수업이 아닌 상호 의견 교환이 강조되는 과목으로 수강생의 적극적인 세미나 참여가 필요하다.

7. 주별 강의계획

제1주 오리엔테이션: 수업 안내/실습에 대한 기대 공유/실습기관 및 자기소개/실습 유의사항 전달
제2주 실습세미나: 사회복지사의 정체성
제3주 실습세미나: 조직생활과 인간관계
제4주 실습세미나: 실습지도자와 실습생의 관계
제5주 실습세미나: 클라이언트와 실습생의 관계
제6주 실습 중간 평가회
제7주 중간고사 기간
제8주 실습지도자 간담회 및 실습기관 방문
제9주 실습지도자 간담회 및 실습기관 방문
제10주 실습 종결 평가회
제11주 실습세미나: 사회복지이론과 현장의 연계
제12주 실습세미나: 실습 기록방법 및 요령
제13주 실습 분반발표회
제14주 실습 분반발표회
제15주 실습 전체발표회
제16주 기말고사 기간

출처: 청주대학교 사회복지학과(2013).

Tip

실습지도교수님 이것에 신경 써 주세요

- **자유롭게 말할 수 있는 분위기를 만든다.** 실습세미나가 시작되는 초기에 실습생들이 자유롭게 말할 수 있는 분위기로 만드는 노력이 필요하다. 의외로 실습생들이 말하기를 어려워하는 경우가 많은데, 실습생들에 대한 정보가 있다면 처음 이야기를 시작할 실습생을 미리 정해 놓는 것도 좋다.

- **모든 사람이 말할 수 있도록 시간을 적절하게 배분한다.** 제한된 시간 내에 실습세미나를 진행하기 때문에 모든 실습생의 이야기를 듣고 주의를 기울여 주는 것이 필요하다. 따라서 어느 특정 실습생의 경험에만 초점을 두지 않도록 주의한다. 미리 실습생별로 시간 배정을 하고 특별히 추가적으로 논의해야 할 사항이 있으면 실습생들에게 동의를 구하여 진행하거나 지도교수와 따로 개인적인 시간을 만들어서 이야기하도록 한다.

- **비난하는 분위기가 되지 않도록 한다.** 실습생이 어려운 경험이나 감정을 표출할 때 이에 대해 반감을 갖거나 다른 가치관으로 인해 비난하는 실습생이 생길 수 있다. 이때 동일한 사건에 대해서 사람마다 가지는 감정이 다양할 수 있고 이해도 역시 다를 수 있다는 것을 알려 주어 비난하는 분위기가 되지 않도록 주의를 기울여야 한다.

2) 온라인 지도

실습 또한 학교 교육의 연장이기 때문에 실습지도교수와 실습생들이 긴밀하게 관계를 유지하는 것이 필요하다. 이를 위해 온라인 카페를 만들어서 활용하면 실습생들이 서로 소식을 전하고 질문을 공유할 수 있다. 가급적이면 1주일에 1회 정도는 실습 진행 상황에 대한 소식을 전하도록 한다. 이렇게 하는 것이 학교에서 실습생의 상황을 파악할 수 있고 실습지도교수가 실습기관을 방문할 때 기관에 대한 이해를 높일 수 있기 때문이다. 그 밖에도 다양한 SNS를 사용하면 빠르게 실습지도교수와 의사소통이 가능하다. 또한 실습지도교수는 실습 시작 전이나 실습 초기에 이메일 혹은 전화 등을 통해 실습기관의 실습지도자와 연락도 취해야 한다. 그래야만 실습생이 실습기관과 갈등이 생겼을 때 빠르고 적극적으로 개입할 수 있다.

[그림 7-1] **온라인 지도의 예시 1**

○ 학습/강의운영 Q&A

사회복지현장실습(07)

번호	제목	작성자	작성일	조회수
21	실습 13일차 하고 있습니다.	송정환	2013-03-25 오전 4:25:38	15
	ㄴ 실습 13일차 하고 있습니다.	송정환	2013-03-29 오전 10:44:52	6
	ㄴ 실습 13일차 하고 있습니다.	장선심(교수)	2013-03-25 오후 4:05:14	11
20	교수님...	송혜영	2013-03-19 오후 8:55:49	14
	ㄴ 교수님...	장선심(교수)	2013-03-25 오후 4:02:58	11
	ㄴ 교수님...	이재연(조교)	2013-03-21 오전 9:46:50	15
19	지금은 실습중	정경선	2013-03-17 오후 3:48:32	6
	ㄴ 실습중입니다	장선심(교수)	2013-03-25 오후 4:02:27	10
	ㄴ 실습중입니다	장선심(교수)	2013-03-15 오후 1:33:08	11
17	실습신청에 대해서	서은하	2013-03-08 오전 7:33:14	9
16	실습중~	김수연	2013-03-08 오전 2:01:15	8
	ㄴ 실습중~	장선심(교수)	2013-03-08 오후 2:02:08	14
15	안녕하세요	정경선	2013-03-07 오전 3:25:38	15
15	안녕하세요	정경선	2013-03-07 오전 3:25:38	14
	ㄴ 안녕하세요	장선심(교수)	2013-03-08 오후 2:01:40	11
14	설레임반? 긴장반!	박은경	2013-03-07 오전 12:02:50	18
	ㄴ 설레임반? 긴장반!	장선심(교수)	2013-03-08 오후 2:01:10	8
13	교수님...	송혜영	2013-03-06 오후 1:50:09	15
	ㄴ 교수님...	손정희	2013-03-16 오후 9:28:12	2
	ㄴ 교수님...	장선심(교수)	2013-03-08 오후 1:59:57	9

○ 학습/강의운영 Q&A

사회복지현장실습(07)

번호	제목	작성자	작성일	조회수
○	실습 13일차 하고 있습니다.	장선심(교수)	2013/03/25 오후 4:05:14	13

힘이 많이 드시는군요!~~
일도 하시고 공부도 하시고 실습까지 하시느라 많이 힘드실거라 생각합니다.
부담감을 좀 내려놓으시고 실습을 꼭 잘해야 되는 것은 아니니까 일단 일정에 맞춰 끝내야지 라는 생각으로 실습하시길 바랍니다.
어려운 상황이 있거나 힘드시면 언제든지 문의하시기 바랍니다^^~

——————[redacted]의 원본글입니다 ——————
실습 13일차 하고 있는데 몸무게가 2키로빠졌습니다.
7일차 뒤 실습 포기 할까도 생각 하였는데 일단은
계속 하기로 마음 먹고 실습에 임하고 있습니다.

○ 학습/강의운영 Q&A

사회복지현장실습(07)

번호	제목	작성자	작성일	조회수
○	설레임반? 긴장반!	장선심(교수)	2013/03/08 오후 2:01:10	9

실습하시느라 많이 힘드시죠?
처음에 열정을 그대로 가져가신다면 꼭 알찬 결실 맺으실 거예요^^~

——————[redacted]의 원본글입니다 ——————
이론만 접하다가 실제로 현장에 나가보니.....
아직은 어리둥절? 열정만은 누구보다 자신있는데.....
직장일을 병행하다보니 쬐끔 힘이 드네요ㅜㅜ
고진감래 되세기며~~
사회복지 실습생 여러분 모두들 화이팅하세요!!!
교수님
차근차근 잘 설명해주셔서 감사합니다*^^*

[그림 7-2] **온라인 지도의 예시2**

2. 실습 Q&A

실습을 하다 보면 예상하지 못했던 어려운 상황을 겪을 수 있다. 대표적인 어려움이 실습지도자 또는 실습기관의 다른 사회복지사들과의 관계가 좋지 않은 것이다. 실습생들은 이러한 상황에 처한 것이 인간관계를 잘하지 못한 자신의 무능함 때문이라고 생각하는 경우가 많다. 그래서 혼자 고민하면서 괴로워하는데, 이럴 때는 즉시 학교의 실습지도교수에게 연락하여 도움을 요청해야 한다. 학교와 실습지도교수는 최대한 실습생의 입장과 상황을 배려하고 고려하여 도움을 줄 것이다. 지도교수와 상의해야 하는 상황과 이때 지도교수가 제공할 수 있는 안내는 다음과 같다.

Tip

이런 경우 지도교수님과 상의하세요

- **실습기관 여러 곳에 연락해서 준비했더니 두 곳 이상의 기관에서 실습이 가능하다고 연락이 왔어요.**
  실습생의 입장에서는 실습을 허락해 준 기관에 미안한 마음이 들어서 연락을 하지 않는 경우가 많다. 그러나 실습을 하지 않을 기관에는 반드시 연락을 해서 실습하지 못한다는 의사를 전달하는 것이 예의다. 따라서 학생에게 실습을 하지 못하게 된 기관에 연락하여 사정을 잘 설명하고 양해를 구하도록 지도한다.

- **실습 중인데 실습지도자가 자격이 되지 않는 것을 알게 되었어요.**
  기관에 확인하여 자격이 되는 다른 실습지도자로 바꾸도록 한다. 만약 기관에 자격이 되는 사람이 없는 경우 다른 실습기관으로 옮길 수 있도록 한다.

- **실습지도자 및 기관 사람들이 저를 존중해 주지 않아요. 호칭도 이름이 아니라 '야' '인마' 이런 식으로 불러요.**
  실제 상황을 알아보는 것이 필요하며 되도록 기관을 방문하여 실습지도자를 직접 만나도록 한다. 만약 기관에서 실습생을 존중해 주지 않는 분위기라면 실습지도자에게 실습생은 존중받아야 할 권리가 있음을 상기시키고 이에 대한 적절한 대우를 해 줄 것을 요청해야 한다.

- **실습지도자가 실습일 이외의 개인적인 일을 시켜요.**

실습생이 상의하는 내용 중 이러한 문의가 상당히 많다. 이런 경우에는 먼저 일을 시킨 맥락과 반복적으로 일어났는지의 여부를 파악하는 것이 필요하다. 일의 흐름상 피치 못할 사정이었고, 반복적으로 일어나지 않은 경우에는 실습생에게 이를 이해시켜야 할 수도 있다. 하지만 실습지도자의 논문 작성 및 개인적인 일처리 등을 반복적으로 실습생에게 시키는 경우에는 실습 계획에 따른 실습지도를 하도록 실습지도자에게 요청해야 한다.

- **이 기관에서는 너무 허드렛일만 시켜요. 이런 일이 정말 사회복지사가 해야 하는 일 맞나요?**

먼저 허드렛일이라고 생각하는 기준에 대하여 실습생 및 실습지도자와 충분한 논의를 하여야 한다. 각자의 생각에 따라서 허드렛일이라고 여기는 업무가 다를 수 있기 때문이다. 그리고 경우에 따라서는 사회복지사도 허드렛일을 할 수 있다는 점을 실습생에게 이해시킬 필요가 있다.

- **실습지도자(또는 시설의 직원)가 성적 접촉을 하는 것 같아요. 슬그머니 손을 잡기도 하고 귀엽다며 엉덩이를 치기도 하고…….**

실습생이 성희롱 의심 상황에 대해 도움을 요청하면 우선 실습생이 가해자로 의심되는 사람과 단둘이 있는 상황에 놓이지 않도록 주의할 것을 알려 준다. 그리고 실습지도자에게 성희롱과 친밀감의 표현은 분명히 다르며, 성희롱은 「국가인권위원회법」 및 「남녀고용평등과 일·가정 양립지원에 관한 법률」에 따라 법적 처벌을 받을 수 있다는 점을 상기시켜 줄 필요가 있다. 또한 예방을 위해 실습지도자에게 실습 시작 전에 보내는 실습 협조 공문 등을 통해 성희롱 예방에 대해 협조를 구하도록 한다.

부 록

사회복지현장실습 서식

(한국사회복지사협회 지침)

1 사회복지현장실습 관련 서식 – 교육기관용

[교육기관 1] 실습의뢰서

○○○대학교(원) ○○대학 사회복지학과장

수신자:

(참 조)

제 목: **사회복지현장실습 의뢰**

---

1. 항상 사회복지현장실습 교육을 위해 애써 주시는 귀 기관에 감사드립니다.
2. 사회복지현장실습을 수강하는 본교 사회복지학과 학생의 실습 교육을 의뢰하오니 아래를 참조하시어 협조하여 주시기 바랍니다.

–아 래–

가. 학생명:　　　　　(학생 연락처:　　　　　　　　)

나. 실습기간:

다. 실습지도교수:

라. 실습 담당조교:
(연락처: 사회복지학과 ☎　　　　　　　　　　　　)

별첨 : 실습 신청서 1부. 끝.

○○○대학교(원) ○○대학 사회복지학과장(직인)

시행　처리과　-　일련번호(시행일자)　접수　처리과　-　일련번호(접수일자)

우　주소　　　　　　　　　　/ 홈페이지 주소

전화(　　　　　) 전송(　　　　　) / 기안자의 공식 전자우편 주소 / 공개구분

※ 교육기관의 상황에 따라 변경하여 사용할 수 있음.

[교육기관 2] 실습신청서

실습신청서

실습기관:

1. 실습생 인적 사항

이름		생년월일			
소속		학과/전공		학년/학기	
현주소					
전화번호	집:		휴대전화:		
이메일					

2. 실습 의뢰내용

실습 부서	
실습 분야	
실습 내용	
실습기간	

* 상기 내용으로 귀 기관에 실습신청을 의뢰하며 실습생 프로파일을 동봉합니다.

신청인(학생명) : ____________ (인)

실습지도교수 : ____________ (인)

학과장/대학원장 : ____________ (인)

[교육기관 3] 실습생 프로파일

실습생 프로파일

1. 인적 사항

(사진)	실습생명		성별		생년월일	
	소속					
	전화번호	집:	휴대전화:			
	이메일					

2. 이수 전공과목

교과목명	이수 완료	현재 이수	교과목명	이수 완료	현재 이수	교과목명	이수 완료	현재 이수
사회복지개론			인간행동과 사회환경			사회복지실천론		
사회복지실천기술론			지역사회복지론			사회복지정책론		
사회복지행정론			사회복지법제론			사회복지조사론		
사회복지자료분석론			프로그램개발과평가			가족복지론		
아동복지론			청소년복지론			노인복지론		
여성복지론			장애인복지론			정신건강론		
정신보건사회복지론			의료사회복지론			학교사회복지론		
산업복지론			자원봉사론			사회문제론		
사회복지발달사			사회보장론			교정복지론		
사회복지윤리와철학			사회복지지도감독론			사회복지현장실습		
보육학개론								

3. 경력

구분 (취업, 실습, 봉사)	기관	기간	내용

4. 사회복지를 전공하게 된 동기

5. 실습기관 선택 이유

6. 실습을 통해서 성취하고자 하는 목표

7. 실습을 마친 후 목표 달성 정도를 파악할 수 있는 기준

8. 사회복지를 실천하는 데 있어 자신의 강점과 약점

1) 사회복지 지식 및 기술 측면	2) 개인적 특성 측면

9. 취미 및 특기

10. 실습기관, 실습지도자 및 실습지도교수에게 바라는 점

[교육기관 4] 실습생의 자세

실습생의 자세

우리는 사회복지현장실습생으로서 사회복지사 윤리강령과 다음 사항을 준수한다.

1. 실습의 목적과 중요성을 충분히 이해하고 실습 계약 사항을 이행하기 위해 최선의 자세로 실습에 임한다.
2. 실습은 대학에서 학습한 이론을 구체적으로 적용하는 과정임을 인식하여 이에 최선을 다한다.
3. 실습 교육 기관의 구성원이라는 생각으로 다른 구성원과 협력하며 친화적인 태도를 취한다.
4. 기관의 정책을 이해하고 수용하며 실습 과정에서 준수하도록 한다.
5. 근무 시간은 기관의 규정에 준하며, 직원과 동일한 자세로 근무 시간에 임하도록 한다.
6. 실습 시작 최소 10분 전에 출근하여 출근을 확인하며, 업무에 관계된 사항을 사전에 준비하도록 한다.
7. 결근, 조퇴, 지각 등 근태와 관련된 사항은 반드시 실습지도자에게 사전에 보고하여 허락을 받도록 한다.
8. 실습지도자의 지시뿐 아니라 다른 직원들의 지도 역시 잘 이행하여 실습 효과를 최대화하도록 한다.
9. 직무에 강한 책임감과 열의를 가지고 적극적으로 임하며, 다른 사람들에게 책임을 전가하거나 태만하게 행동하지 않는다.
10. 실습을 통해 알게 된 클라이언트의 사적 정보를 교육 목적(대학 실습지도 등) 이외에는 절대 발설하지 말고, 교육 목적이라 하더라도 가명을 사용하여 개인의 비밀이 침해되지 않도록 한다. 실습 종료 후 실습 관련 내용을 학회지 등에 게재하고자 할 때는 반드시 실습지도자와 상의하여 허락을 받아야 한다.
11. 실습지도자의 지도 혹은 다른 실습생의 실습을 견학·관찰할 경우 배우는 자세로 진지한 태도를 취한다.
12. 기관의 직원이나 클라이언트 등에게 예의를 지킨다.
13. 복장, 소지품은 실습기관의 특성과 상황에 맞게 취하되 가능한 한 화려한 것을 피하고 검소하며 단정한 것으로 착용한다.
14. 안전사고에 만반을 기하도록 하며 안전사고와 관련된 기관의 규정을 사전에 숙지하여 그에 준해 처리하도록 한다.
15. 실습일지를 비롯한 각종 실습 기록은 사실에 근거하여 정확하고 구체적으로 정리하여 실습 시 실습지도자 및 실습지도교수의 강평을 받는다.
16. 과제를 연구하고 그 결과물에 대해 실습지도자의 강평을 받는다.
17. 실습 과정 중 어떤 경우라도 사례금 등의 금품을 절대 주거나 받지 않는다.
18. 과제물은 정해진 기일에 제출하고 출근 전에 작성을 마친다.
19. 기관의 명칭을 사적으로 활용하지 않으며 실습생의 신분을 지킨다.
20. 기관을 대표한다는 자세로 실습 교육 기관의 직원들과 동일한 업무 태도 및 자세를 취한다.

2 사회복지현장실습 관련 서식-실습기관용

[실습기관 1] 실습 신청의뢰서

실습기관명

수신자:

(참 조)

제 목: **사회복지현장실습 신청의뢰서**

1. 사회복지 교육 및 연구 활동을 통해 사회복지 발전에 전력을 다하시는 귀하와 귀교의 무궁한 발전을 기원합니다.
2. 아래와 같이 사회복지현장실습 교육이 가능하오니 관심 있는 학생들이 참여할 수 있도록 협조 부탁드립니다.

-아 래-

가. 실습 부서/분야:

나. 실습지도자:

다. 대학별 배정 가능 실습생 수:

라. 실습 담당 직원: (연락처: ☎)

마. 실습비:

별첨1 : 실습지도 계획서

별첨2 : 실습지도자 프로파일

실습기관장(직인)

시행 처리과 - 일련번호(시행일자) 접수 처리과 - 일련번호(접수일자)

우 주소 / 홈페이지 주소

전화( ) 전송( ) / 기안자의 공식 전자우편 주소 / 공개구분

[실습기관 2] 실습지도 계획서

실습지도 계획서

실습지도자 :

1. 실습 목적:

2. 실습 목표:

3. 실습 분야:

4. 실습기간:

5. 실습 대상:

6. 교육 계획

단위 시간	내용	담당	비고

7. 실습지도 방법
   - 개별 실습지도 계획:
   - 집단 실습지도 계획:
   - 기타 계획:

8. 실습 일정

주	월/일	시간	실습 내용	담당	비고

9. 실습생의 책임과 과제

10. 참고도서

[실습기관 3] 실습지도자 프로파일

실습지도자 프로파일

1. 인적 사항

성명		성별	
기관명/부서		직책	
담당 업무		전화	
이메일		팩스	
최종 학력		최종 학력의 전공	
사회복지사 자격번호		사회복지 총 실무 경험 기간	

2. 실습지도 및 실습 분야 관련 주요 교육 배경

교육명	주관 단체	기간	수료/자격 여부

3. 사회복지 분야 근무 경력

기관명	기간	직책	담당업무

4. 자신의 전공 분야(현재 자신의 관심 분야, 실천 모델, 실천 기술과 기법)

5. 실습지도자로서 자신의 특성(강 · 약점)

6. 실습생에게 바라는 점

[실습기관 4] 실습의뢰에 대한 회신

실습의뢰에 대한 회신

귀 대학 실습생의 실습 의뢰를 수락합니다.

실습생명		**소속 대학**	
기관명			
기관 주소		**전화번호**	
실습지도자	직위: 부서: 성명:	**연락처**	전화: 팩스:
		이메일	

실습기간	년 월 일 ~ 년 월 일(오리엔테이션 일정: 년 월 일 시)
필요 서류	다음 서류를 실습 개시일 ( )일 전까지 우송 바랍니다. – 실습생 프로파일 1부 – 실습비 (원) (실습 개시일 납부 요망) – 기타 필요한 서류 ( )
실습을 위한 기타 준비사항	– 참고문헌 – 사전 과제물
대학에 대한 의견	

실습지도자: ____________ (인)

실습기관장: ____________ (인)

[실습기관 5] 실습생 출근부

실습생 출근부

성명: 긴급연락처: 전자우편:

월 일	출근 시간	퇴근 시간	실습생 확인	실습 지도자 확인	지각 · 조퇴 결근 여부	사유

* 기입 요령: 출근 시간 및 퇴근 시간 표시, 퇴근 시 실습생 및 실습지도자가 확인하며, 지각 · 조퇴 · 결근 시 그 사유를 함께 기록함.

[실습기관 6] 실습지도 기록서

실습지도 기록서

실습지도자 :

실습생 :

일시	실습지도 내용	비고

[실습기관 7] 실습 평가서(교육기관 발송용)

실습 평가서(교육기관 발송용)

기관명		실습지도자	
실습 부서		실습지도교수	
실습기간			
실습생		평가 일시	

* 출석상황

□ 무단결석 없음 □ 무단결석 1회 □ 무단결석 2회 □ 무단결석 3회 이상

* 다음은 실습생에 관한 평가입니다. 실습생이 실습지도 기간에 보여 준 태도와 행동을 기준으로 다음 항목에 솔직하게 평가해 주기 바랍니다. 실습 내용에 포함되어 있는 사항에 관해서만 평가해 주시고, 평균에는 평가 항목 총점을 평가 항목 개수로 나눈 점수를 기입하면 됩니다. (1점: 매우 그렇지 못하다~5점: 매우 그렇다)

항 목	내 용	1	2	3	4	5
실습지도에 대한 태도	1. 실습지도 시간을 엄수한다.					
	2. 적극적이고 긍정적인 자세로 실습지도에 참여한다.					
	3. 실습지도에서 지적된 내용을 수용한다.					
	4. 배우는 입장에서 진지하게 노력하고 발전하려는 태도를 갖는다.					
	5. 실습지도자와 실습생으로서 공식적 관계를 형성한다.					
기관 이해 및 관계 유지	6. 동료 실습생과 긍정적이고 원만한 협력 관계를 유지한다.					
	7. 기관의 목적, 정책, 규칙, 사업 내용을 이해한다.					
	8. 기관 내에서 실습생으로서의 권한과 한계를 알고 일한다.					
	9. 기관 내 다른 직원과 협조적인 대인관계를 형성·유지하여 업무를 처리한다.					
기본 태도와 자질	10. 일의 우선순위를 결정하는 능력이 있다.					
	11. 할당된 시간 안에 일을 계획하고 수행한다.					
	12. 자신의 장점과 단점을 잘 인식하고 대응한다.					
	13. 사회복지 실천 지식을 실습 내용에 적용한다.					
	14. 사회복지 실천의 가치와 윤리를 갖고 임한다.					
	15. 전문가로서의 편견, 선입견, 고정관념을 인식하고 객관성을 유지한다.					
	16. 실습지도 내용을 실행에 옮긴다.					
	17. 실습 과정을 책임감 있게 수행한다.					
기 록	18. 기록, 보고서 등을 정해진 일시에 제출한다.					
	19. 실습 내용을 사실에 근거하여 정확하게 기록한다.					
	20. 실습 내용을 체계적이고 구체적으로 기록한다.					
	21. 클라이언트와의 상호작용 및 실습생의 사고와 감정을 기록한다.					
	22. 실습지도를 통해 지적된 사항 및 배운 것을 정확히 기록한다.					

(계속)

항목	내용	1	2	3	4	5
전문적 태도와 관계 형성	23. 클라이언트와 전문적 관계를 형성하고 활용한다.					
	24. 전문적 관계 형성에서 동정과 감정이입을 구별하여 적용한다.					
	25. 주변의 자원을 파악하고 그것을 활용하려고 노력한다.					
	26. 비심판적이며 경청과 수용의 태도를 갖는다.					
	27. 클라이언트의 능력과 동기의 한계를 수용한다.					
	28. 실습지도자가 지시한 것을 잘 파악하여 실행에 옮긴다.					
개인에 대한 개입	29. 클라이언트가 표현한 의사소통과 암시적인 의사소통을 이해한다.					
	30. 실습생이 의도한 바를 클라이언트에게 명확하게 전달한다.					
	31. 클라이언트의 문제와 상황에 관련된 정확한 자료를 수집한다.					
	32. 수집된 자료를 체계적으로 종합하고 이론에 기초하여 사정한다.					
	33. 클라이언트의 가족 등 주변의 지지 자원을 활용한다.					
	34. 클라이언트와 환경의 상호역동성의 이해 아래 개입 목표와 전략을 수립한다.					
	35. 개입 목표에 따라 클라이언트의 긍정적인 변화를 유도한다.					
가족에 대한 개입	36. 가족의 역동성을 파악하고 가족 상황에 관련된 정확한 자료를 수집한다.					
	37. 가족의 구조를 명확히 이해하여 필요한 가족 개입의 기술을 활용한다.					
	38. 가족의 상호역동성의 이해 아래 개입 목표와 전략을 수립한다.					
	39. 가족 구성원을 개별화하고 그들이 긍정적으로 변화하도록 유도한다.					
집단에 대한 개입	40. 집단 역동을 파악하여 의미 있는 개입으로 집단을 지도한다.					
	41. 집단에서 주 진행자와 보조 진행자의 의미와 역할을 알고 실천한다.					
	42. 집단의 구조를 명확히 하고 필요한 집단지도의 기술을 활용한다.					
	43. 집단 구성원을 개별화하고 그들 간 의미 있는 관계를 형성하도록 한다.					
	44. 집단의 목적에 대해 정확히 사정한다.					
	45. 정확한 사정에 입각하여 적절한 프로그램을 계획하고 실행한다.					
	46. 집단의 상호작용이 목적 지향적이고 구성원이 긍정적으로 변화하도록 한다.					
지역사회에 대한 개입	47. 지역 주민들이 지역사회의 요구와 문제를 파악하도록 돕는다.					
	48. 파악된 지역사회 요구를 사회행동으로 계획하고 실행한다.					
	49. 지역사회 구조와 권력에 대해 이해하고 그 지역사회 상황을 정확히 파악한다.					
	50. 지역사회 자원을 정확히 파악하고 접근한다.					
정책 및 행정 분야	51. 정책 형성 및 개선과 관련된 이해집단의 문제 상황 및 요구와 정책 발의자들 및 집행자들의 이해관계를 정확하고 객관적으로 이해한다.					
	52. 정책 형성 및 개선과 관련된 이해집단과 건설적이고 전문적인 관계를 맺는다.					
	53. 문제 상황에 적합한 정책 대안을 개발하는 데 적극적으로 참여한다.					
	54. 기본 정보를 정확히 사용하며 실증적인 자료 분석의 지식을 갖고 문제를 분석한다.					
	55. 사회복지 행정 체계 및 전달 체계에 대해 정확하게 이해한다.					

(계속)

항목	내용	1	2	3	4	5
기관 고유 항목*	56. 사회복지사로서 사람에 대한 관심과 열정을 가지고 있다.					
	57.					
	58.					
	59.					
	60.					

* 기관 고유 항목에는 기관의 특성과 실습 상황에 맞는 평가 항목을 실습지도자가 추가적으로 직접 기입하고 평가할 수 있습니다.

총 평	**(실습생의 실천가로서의 장단점 및 대학에 대한 건의)**			
평가 문항 개수	개	총점	점	
평균 (총점÷평가 문항 개수)	**(기록 후 테이프 부착하여 실습지도자 서명 요망)**			

평점 부여	☐ A^+	☐ B^+	☐ C^+	☐ D^+	☐ F
	☐ A^0	☐ B^0	☐ C^0	☐ D^0	
	☐ A^-	☐ B^-	☐ C^-	☐ D^-	

실습지도자: ________________ (인)

실습기관장: ________________ (인)

[실습기관 8] 사회복지현장실습 교육 수료증

사회복지현장실습 교육 수료증

수료번호: ○○○○(연도)−○○(번호)

○○대학교(원) 성명: ○○○(학번)

상기 학생은 아래의 과정을 수료하였으므로
사회복지현장실습 교육 수료증을 발급합니다.

−아 래−

1. 실 습 지 도 자:

2. 실습 교육 기관:

3. 실 습 기 간:

4. 실 습 분 야:

년 월 일

○○기관장 (직인)

3 사회복지현장실습 관련 서식-실습생용

[실습생 1] 실습생 서약서

실습생 서약서

본인은 ○○기관의 실습생으로서
다음의 사항을 준수할 것을 서약합니다.

1. 사회복지사 윤리강령

2. 클라이언트와 기관에 대한 비밀유지

3. 실습 교육 기관 및 실습지도자의 요구 사항

년 월 일

실습생: ________________ (인)

○○기관 귀중

[실습생 2] 실습계약서

실습계약서

실습생명		소속 대학	
기관명		주소 / 전화번호	
실습지도자		실습지도교수	

1. 일반적 사항

1) 실습기간: ________년 ________월 ________일부터
________년 ________월 ________일까지 총 ________일
2) 근무 시간: 주 ______일 근무, ______시부터 ______시까지
3) 대학 실습세미나 시간: 매주 ______요일, ______시부터 ______시까지
4) 결석에 대한 조치

2. 실습의 목적과 목표

1) 목적:

2) 목표:

3. 실습생의 의무와 책임

4. 실습지도자의 의무와 책임

5. 실습지도교수의 의무와 책임

상기 사항을 성실하게 이행하여 실습을 진행하도록 하겠습니다.

년 월 일

실습생 ________________ 인
실습지도자 ________________ 인
실습지도교수 ________________ 인

[실습생 3] 실습일지

실습일지

1. 실습생명 :

2. 실습일 :

3. 오늘의 목표 :

4. 실습 진행 내용(시간, 내용 등을 중심으로 기록)

5. 실습생 의견(배운 점, 의문 사항, 건의 등 포함)

6. 실습지도자 의견

[실습생 4] 실습기관 분석 보고서

실습기관 분석 보고서

실습생명		기관명	
기관 주소	(전화:)		
기관 소개자	(부서: 직책:)		

1. 기관의 역사

1) 기관 설립 동기 및 설립 목적:

2) 기관 사업의 역사적 변천

3) 기관 역사에 대한 실습생의 평가

2. 기관의 목적

3. 기관의 주요 사업 및 프로그램

1) 클라이언트 및 대상 지역

2) 주요 사업

3) 서비스 전달 체계

4) 기관의 대상층 및 주요 사업에 대한 실습생 평가

4. 기관의 행정 사항

1) 기관의 조직구조

2) 예산 · 후원 및 지원 사항

3) 기관의 행정 구조와 예산 사용 및 후원에 대한 실습생 평가

5. 기관이 속한 지역사회 및 물리적 환경의 특징

1) 지역사회 특징

2) 물리적 환경(시설, 공간 등)의 특징

6. 사회복지기관으로서 지역 내 다른 기관들과의 연계

1) 관계 유형 및 내용

2) 기관의 다른 기관과의 관계 유지에 대한 실습생 평가

7. 기관의 특별한 면이나 전반적인 사항에 대한 인상이나 느낌

[실습생 5] 사례관리 계획서

사례관리 계획서

실습생명:

클라이언트명		성별		조사일	
주소		전화번호		작성일	
직업		학력		연령	
의뢰 경위		경제 상태	□ 일반 □ 저소득 □ 수급자		

1. 일반적인 사항

– 가족 상황, 경제 상황, 건강 상황, 일상생활 및 주거 상황, 심리사회적 상황, 자원 활용 상황

2. 클라이언트에 관한 사항

– 신체 · 인지 · 정서 · 행동기능 측면 / 클라이언트의 강 · 약점

3. 욕구진술

4. 개입 계획

문제 및 욕구	결과 목표	세부 목표	표적 체계	개입 전략 및 수행방법	비고 (역할 분담 등)

5. 서비스 일정표

날짜	담당	서비스 목표	서비스 내용	준비물	비고

[실습생 6] 사례관리 진행 일지

사례관리 진행 일지(　　　회)

클라이언트명		실습생명	
일시		장소	

1. 목표 및 내용

결과 목표	하위 목표	서비스 목표	서비스 내용

2. 과정 기록

3. 평가

1) 목표 달성 및 서비스 평가

2) 클라이언트에 대한 평가

3) 사례 개입에 대한 자신의 역할 평가

4. 계획

[실습생 7] 사례관리 종결 기록서

사례관리 종결 기록서

클라이언트명	
실습생명	
서비스 제공 기간	

1. 제공된 서비스

2. 사례관리 목표 달성 정도

3. 사후 지도 계획

[실습생 8] 집단 지도 계획서(소집단용)

집단 지도 계획서(소집단용)

집단명		집단 지도자(실습생)명	
대상		성원 수	
기간		장소	

1. 실시 배경

2. 목적

3. 목표

결과 목표 1		결과 목표 2	
하위 목표 1-1		하위 목표 2-1	
하위 목표 1-2		하위 목표 2-2	

4. 목표 관련 지도 내용 및 구체적 수행 방법

결과 목표	하위 목표	지도 내용	수행방법	비 고

5. 평가 계획

평가 지표	
평가 도구	
평가 방법	

6. 회기별 일정표

횟수	일시	목표	내용	준비물

7. 예산

[실습생 9] 집단 과정 일지(소집단용)

집단 과정 일지(소집단용)

집단 지도자(실습생)명		집단명	
집단 진행 날짜		집단 활동 장소	
참석자(　　명) 명단			
결석자(　　명) 명단			

1. 목표 및 세부 목표

1. 목표:

2. 세부 목표:
   2-1.
   2-2.

2. 집단 진행 요약

시간	프로그램 내용	사회복지사의 역할

3. 과정 기록

1) 모임 전 단계(자리 위치 표시)
2) 모임 단계
3) 모임 후 단계

4. 평가

1) 목표 달성 및 프로그램 평가
2) 집단의 역동성(성원-성원, 성원-지도자)
3) 성원의 개별 평가(개인의 변화, 참여도, 지도자 및 다른 회원과의 관계)
4) 지도자 자신에 대한 평가(역할 및 의도적 개입)

5. 다음 집단 모임 계획

[실습생 10] 집단 내 개별 회원 분석표(소집단용)

집단 내 개별 회원 분석표*(소집단용)

회원명		집단명	
회원 수		집단 지도자(실습생)명	

집단 목표	
개인 목표	

회기	날짜	참석 여부/ 참석 인원	개인의 변화 정도 및 내용	참여도	지도자와의 관계	다른 회원과의 관계
1		/				
2		/				
3		/				
4		/				
5		/				
6		/				
7		/				

〈 종합평가 〉

* 모든 집단 지도 상황에서 활용해야 하는 것은 아니며, 집단 과정에서 개인의 변화를 민감하게 기록할 필요가 있을 경우에 활용할 수 있음.

[실습생 11] 집단 종결 기록서(소집단용)

집단 종결 기록서(소집단용)

집단명		집단 지도자(실습생)명	
집단 진행 날짜		집단 활동 장소	
전체 진행 회기 수		출석률	
주요 진행 사항			

1. 회원의 평가

1) 운영면
   (1) 프로그램 진행 평가
   (2) 집단 참여 태도
2) 프로그램 내용
3) 목표 달성
4) 다음 프로그램에 대한 의견
5) 지도자에 대한 평가

2. 지도자(실습생)의 평가

1) 집단의 특징
2) 회원의 참여도
3) 집단 성원에 대한 개별화 정도
4) 집단역동의 활용 정도
5) 집단에 대한 발달단계 분석

구분	초기	중기	말기
참여도			
개인의 변화			
지도자와의 관계			
다른 회원과의 관계			
기타(　　)			
기타(　　)			

[실습생 12] 프로그램 계획서(대집단 및 지역사회복지)

프로그램 계획서(대집단 및 지역사회복지)

프로그램명		집단 지도자(실습생)명	
대상		참여자 수	
기간		장소	

1. 프로그램 실시 배경

2. 프로그램 목적

3. 프로그램 목표

결과 목표 1		결과 목표 2	
하위 목표 1-1		하위 목표 2-1	
하위 목표 1-2		하위 목표 2-2	

4. 목표 관련 지도 내용 및 구체적 수행 방법

결과 목표	하위 목표	지도 내용	수행방법	비 고

5. 평가 계획

평가 지표	
평가 도구	
평가 방법	

6. 회기별 일정표

횟수	일시	목표	내용	준비물

7. 예산

[실습생 13] 프로그램 평가서(대집단 및 지역사회복지)

프로그램 평가서

프로그램명		집단 지도자(실습생)명	
대상		참여자 수	
기간		장소	

1. 프로그램 목적 및 목표 달성 평가

결과 목표	하위 목표	달성 정도	평가 근거	의의

2. 프로그램 과정 평가

1) 준비 과정

2) 진행 과정

3) 종결 및 정리 과정

3. 프로그램 만족도 평가

4. 예산 평가

5. 추후 프로그램을 위한 제언

[실습생 14] 사회복지정책 분석 보고서(정책 개발 및 평가)

사회복지정책 분석 보고서

분석자(실습생)명:

정책명	
관련 법규/지침	
주무부서	

1. 문제 제기 및 분석 목적

2. 분석한 정책의 주요 내용

3. 자료 수집 및 분석 방법

4. 분석 결과 논의

1) 정책 목표 분석

2) 정책이 추구하는 가치 분석

3) 급여 대상 분석

4) 급여의 적절성 분석

5) 급여의 전달 체계 분석

6) 재정 분석

5. 관련 정책과 관련한 주요 이해당사자의 입장 분석

6. 분석한 정책의 개선 방향 및 전망

7. 총평

[실습생 15] 사회행동 및 옹호활동 보고서

사회행동 및 옹호활동 보고서

분석자(실습생)명:

구분	요약 제시
사회행동명	
활동 목적	
참여자	
대상 집단	
옹호대상	

1. 문제 제기 및 활동 목적

2. 참여자의 특성

3. 대상 집단의 특성

4. 옹호집단의 특성

5. 주요 활동 경과

6. 활동 전략 분석

1) 대상 집단을 이기기 위한 힘 획득 전략

2) 합법성을 확보하기 위한 전략(법적 행동 포함)

3) 다른 조직과 협력하는 전략

4) 전술을 연결시키는 전략

5) 협상을 전개하는 전략

6) 홍보 및 언론 활용 전략

7. 향후 행동 전략 제안

[실습생 16] 기관 홍보 기획서

사회복지기관(사업) 홍보 기획서

기획자(실습생)명 :

1. 상품(홍보하려는 기관이나 사업)의 특성 분석(상품의 내용, 경쟁 기관이나 사업의 존재 여부 등)

2. 유치하려는 소비자 집단의 특성별 구분

3. 대상별 소비자에게 호소하기 위한 전략(담당, 장소, 방법 등을 일목요연하고 자세히 제시)

4. 홍보 일정

5. 홍보 예산

6. 첨부(보도 자료, 광고 전단, 안내지 자료, 홈페이지 자료 등)

[실습생 17] 개별면접 일지

개별면접 일지

실습생명		면접 날짜와 시간	
클라이언트		면접 장소	

1. 면접 준비 과정

2. 면접 목표

1)
2)

3. 과정 기록 및 분석

면접 내용	실습생 분석	실습지도 내용

* 주요한 면접 장면에 대해서는 대화체 기록의 직접 인용을 권장
* 면접자의 의도적인 개입, 언어적 · 비언어적 의사소통 모두에 주의하여 기록할 것
* 상기 내용이 포함된다면, 기관 상황과 면접 상황에 맞추어 별도 양식 활용 가능

4. 면접 목표 달성에 대한 평가

5. 실습생 의견

6. 다음 면접 계획

[실습생 18] 가족상담 기록서

가족상담 기록서

실습생명:

클라이언트(IP)		성별		연령	
날짜		장소		총 횟수/시간	
실습생명				실습지도자	

1. 의뢰 과정

2. 문제 상황에 대한 가족의 정의

3. 가계도

4. 가족생태도: 가족의 하위 체계 간 관계 등 기록

5. 가족의 사회자원망

6. 가족생활주기

7. 가족 사정 및 이론적 근거

8. 개입 목표와 개입 전략

9. 개입 내용 정리

회기	내용	주요 질문과 내담자의 반응

10. 평가 및 사후 관리 계획

[실습생 19] 사회조사 계획서

사회조사 계획서

조사 주제	
조사/분석일	
조사자(실습생)명	

1. 문제 제기 및 조사 문제의 제시

1) 문제의 기술

2) 검토될 조사문제에 대한 진술

3) 문제의 중요성과 조사 필요성 제시

2. 조사와 관련한 문헌 자료 검토

1) 이론적 역사적 관점

2) 문헌에서 파악된 차이점들 검토

3. 조사 방법 제시

1) 조사 설계와 자료 수집 절차

2) 표집 설계

3) 대상에 대한 기술

4) 측정 방법 기술

5) 자료 분석 절차

4. 예산

5. 기타 필요한 사항

6. 부록(관련 참고문헌, 설문지 등 필요한 자료를 첨부할 수 있음)

[실습생 20] 사회조사 진행 일지

사회조사 진행 일지

조사 주제	
조사/분석일	
조사자(실습생)명	

1. 조사 진행 단계 기록

2. 조사 과정에서 보완되어야 할 사항 기록

3. 추후 조사 진행 계획

[실습생 21] 사회조사 분석 평가서

사회조사 분석 평가서

조사 주제	
조사/분석일	
조사자(실습생)명	

1. 문제 제기 및 조사 문제의 제시

1) 문제의 기술

2) 검토될 조사문제에 대한 진술

3) 문제의 중요성과 조사 필요성 제시

2. 조사와 관련한 문헌 자료 검토

1) 이론적 역사적 관점

2) 문헌에서 파악된 차이점들 검토

3. 조사 방법 제시

1) 조사 설계와 자료 수집 절차

2) 표집 설계

3) 대상에 대한 기술

4) 측정 방법 기술

5) 자료 분석 절차

4. 조사 결과 제시

1) 기술적 분석

2) 인과적 분석

5. 논의점

1) 밝혀진 사항에 대한 설명

2) 실천에의 함의

3) 평가의 한계와 약점

6. 참고문헌

7. 부록(설문지 외의 조사와 관련된 주요 자료 첨부)

[실습생 22] 기관 방문 분석 보고서

기관 방문 분석 보고서

* 특정 분야나 내용에 관심을 가지고 방문을 추진한 경우에는 별도의 양식을 활용하거나, 특정 내용만 선택하여 기록할 수 있습니다.

실습생명		방문 기관명	
기관 소재지	(전화)		
기관 소개자	(부서: 직책:)		

1. 기관 방문 목적

2. 기관 방문을 위한 질의 사항 및 응답 정리

3. 기관 방문을 통해 알게 된 지식

검토할 사항 예시
1. 기관의 역사 1) 기관 설립 동기 및 설립 목적 2) 기관 사업의 역사적 변천 3) 기관 역사에 대한 실습생의 평가 **2. 기관의 목적**

3. 기관의 주요 사업 및 프로그램

1) 클라이언트 및 대상 지역

2) 주요 사업

3) 서비스 전달 체계

4) 기관의 대상층 및 주요 사업에 대한 실습생 평가

4. 기관의 행정 사항

1) 기관의 조직 구조

2) 예산 · 후원 및 지원 사항

3) 기관의 행정 구조와 예산 사용 및 후원에 대한 실습생 평가

5. 기관이 속한 지역사회 및 물리적 환경의 특징

1) 지역사회의 특징

2) 물리적 환경(시설, 공간 등)의 특징

6. 사회복지기관으로서 지역 내 다른 기관들과의 연계

1) 관계 유형 및 내용

2) 기관의 다른 기관과의 관계 유지에 대한 실습생 평가

7. 기관의 특별한 면이나 전반적인 사항에 대한 인상 혹은 느낌

[실습생 23] 지역 탐방 보고서

지역 탐방 보고서

조사자(실습생)명 : 지역 소개자 :

1. 탐방 지역

2. 지역의 주요 사회지표 제시

3. 지역의 인구사회학적 특성

4. 지역의 사회경제학적 특성

5. 지역의 사회복지기관 및 자원 탐색

6. 필요하거나 보완되어야 할 사회복지 서비스 제안

7. 결론

8. 첨부(관련 지도를 비롯한 탐방 보고서 작성에 참조한 자료를 첨부할 수 있음)

[실습생 24] 실습 중간 평가서

실습 중간 평가서

* 이 평가서는 사회복지현장실습 지침서를 참고하여 실습생 본인이 작성하며, 서술 양식으로 작성한 뒤 실습지도자와 평가회를 갖는 것을 추천한다.

실습생명		기관명	
실습기간		실습지도자	
실습 평가일		실습지도교수	

1. 실습 목표와 관련된 실습 내용 및 역할에 대한 평가

1) 수행한 실습 내용 및 역할 요약

2) 평가

3) 앞으로의 계획

2. 실습에 임한 자세 및 노력

3. 실습을 통해 배운 점

4. 앞으로 더 필요한 지식과 기술

5. 실습에서 어려웠던 점

6. 기관 및 실습지도자에게 건의할 점

[실습생 25] 실습 종결 평가서

실습 종결 평가서

* 이 평가서는 사회복지현장실습 지침서를 참고하여 실습생 본인이 작성하며, 서술 양식으로 작성한 뒤 실습 지도자와 평가회를 갖는 것을 추천한다.

실습생명		기관명	
실습기간		실습지도자명	
실습 평가일		실습지도교수명	

1. 실습 일정에 대한 평가

2. 실습 내용 및 역할에 대한 평가

3. 실습 목표에 대한 평가

1) 구체적이고 적절한 목표 설정 여부

2) 목표의 달성 여부

4. 서비스 실천 과정에 대한 평가/정책 및 행정 실습에 대한 평가

1) 문제 파악 및 자료 수집 능력/문제 인식 능력

2) 문제 사정 능력/문제 분석 능력

3) 개입 기술/문제해결을 위한 대안 제시 능력

4) 면접 기술/기존 지식과 정보의 사용 능력

5) 기록 기술/기록을 유지하고 활용하는 기술

6) 클라이언트와의 전문적 관계 형성/유관 기관 및 관계인들과의 전문적 관계 형성

5. 실습생의 자원 활용에 대한 평가(인적 · 물적 자원)

1) 기관 외 자원 활용

2) 실습과 관련된 참고 서적 활용

6. 실습에 임하는 자세에 대한 평가

1) 업무 관리

(1) 시간 준수, 과제 제출

(2) 주어진 일에 대한 업무 조절 능력

2) 직원과의 관계(실습지도자, 다른 직원, 다른 전문직 직원)

3) 실습에 있어서의 적극성 및 자발성

7. 전문적 태도에 대한 평가

1) 사회복지사로서 실습생 자신의 장ㆍ단점에 대한 인식

2) 전문가로서 윤리 및 가치관의 이행

8. 실습지도 활용 정도에 대한 평가

1) 실습생 자신의 실습지도 활용 정도에 대한 평가

(1) 기관 실습지도

(2) 대학 실습지도

2) 실습지도 자체에 대한 평가

(1) 기관 실습지도

(2) 대학 실습지도

9. 기관 이해도에 대한 평가

1) 실습생의 과업과 관련된 기관의 목적, 정책, 행정 절차에 대한 이해

2) 실습생으로서의 기관 내 권한과 한계에 대한 인식

10. 실습기간 중 가장 유익했던 내용

11. 실습기간 중 가장 안 좋았던 내용

12. 실습기관, 실습지도자, 대학에 대한 건의사항

13. 그 밖에 하고 싶은 말

[실습생 26] 사회복지현장실습 확인서

사회복지현장실습 확인서

<table>
<tr><td rowspan="4">실습생 인적 사항</td><td>성명</td><td></td><td>주민등록번호</td><td></td></tr>
<tr><td>주소</td><td colspan="3"></td></tr>
<tr><td>전화번호</td><td></td><td>휴대전화</td><td></td></tr>
<tr><td>학교/학과명</td><td></td><td>실습지도교수명</td><td></td></tr>
<tr><td rowspan="9">실습 기관 정보</td><td>실습기관명</td><td></td><td>전화번호</td><td></td></tr>
<tr><td>주소</td><td colspan="3"></td></tr>
<tr><td>실습기간</td><td colspan="3">년 월 일부터 년 월 일까지</td></tr>
<tr><td>실습 시간</td><td colspan="3">총____시간 (매주___요일부터___요일까지, 1일___시간)</td></tr>
<tr><td>실습 내용</td><td colspan="3"></td></tr>
<tr><td>실습지도자명</td><td></td><td>사회복지사 자격번호(취득일)</td><td>(년 월 일)</td></tr>
<tr><td colspan="2">실습지도자 경력 기간</td><td colspan="2">담당 업무</td></tr>
<tr><td colspan="2">년 월 일~ 년 월 일</td><td colspan="2"></td></tr>
<tr><td colspan="2">년 월 일~ 년 월 일</td><td colspan="2"></td></tr>
</table>

위와 같이 실습 내용을 확인합니다.

년 월 일

실습지도자 : (서명 또는 인)

실습기관 : (직인)

년 월 일

실습지도교수 : (서명 또는 인)

한국사회복지사협회장 귀하

- 기관 방문이나 자원봉사 활동 등은 사회복지현장실습에 포함되지 않습니다.
- 허위 사실 기재로 판명될 경우 자격증 교부가 되지 않을 수 있습니다.

- 사회복지현장실습에 관한 기준 (「사회복지사업법 시행규칙」 제3조 관련 [별표 1])
  가. 실습기관: 법 제2조 제1항에 따른 사회복지사업과 관련된 법인·시설·기관 및 단체로 한다.
  나. 실습지도자: 사회복지사 1급 자격증을 소지한 자로서 3년 이상 또는 사회복지사 2급 자격증을 소지한 자로서 5년 이상 사회복지사업의 실무경험이 있는 자가 실습을 지도하여야 한다.
  다. 실습 시간: 현장실습 시간은 120시간 이상으로 한다.

※ 실습생은 졸업 후 사회복지사 자격증 신청 시 사회복지현장실습 확인서를 성적 증명서와 함께 제출해야 함.

[실습생 27] 실습 종결 보고서

실습 종결 보고서

* 다음은 실습을 종결하면서 한 학기 동안 실습한 내용을 요약하고 목표 달성 정도와 소감을 간략히 정리하는 보고서입니다. 이 종결 보고서는 파일로 정리하여 사무실에 비치되며, 다음 실습을 준비하는 학생들에게 실습지 선정의 지침이 되는 자료로 활용될 것입니다.

실습기관		실습지도자	
실습부서		실습지도교수	
실습기간			
실습생		종결 일시	

1. 실습기관 소개

2. 실습 기간 및 시간

3. 실습 목표

1) 실습생의 목표

2) 실습기관의 목표

4. 실습 내용 소개

1) 실습 일정

2) 교육 및 참관 사항

3) 담당 업무

5. 실습 목표와 달성 정도

6. 실습지도자와 실습지도 내용 소개

7. 실습 소감

1) 힘들었던 것

2) 제기되었던 질문

3) 배운 것

8. 향후 실습을 위한 제언

9. 기타 꼭 하고 싶은 이야기

10. 실습지도자와 기관에 대한 감사의 내용

[실습기관 28] 수퍼바이저 평가척도[1)]

수퍼바이저 평가척도

점수	평가기준
1점	수퍼비전을 제대로 제공하지 못하여 수퍼비전을 위한 학습이 절대적으로 요구됨.
2점	수퍼비전을 제공하는 영역에 대한 지식도 부족하고 수퍼비전을 제공할 능력도 부족함.
3점	수퍼비전을 제공하는 영역에 대한 기본 지식을 갖추고 있으며, 수퍼비전을 제공하는 능력이 있음.
4점	수퍼비전을 제공하는 영역에 대한 정확한 지식을 갖추고 있으며, 수퍼비전을 체계적으로 정확하게 제공함.
5점	수퍼비전을 제공하는 영역에 대한 정확한 지식을 갖추고 있으며, 수퍼비전을 체계적으로 정확하게 제공하는 우수한 전문가 위상을 갖추고 있음.

항목	내용	점수				
		1	2	3	4	5
1. 지식	1.1 수퍼비전의 목적을 이해한다.					
	1.2 수퍼비전의 경계를 명확히 알고 있다.					
	1.3 다음 요소를 이해한다. 행정적/교육적/지지적					
	1.4 다양한 수퍼비전 계약의 유형을 알고 있다.					
2. 수퍼비전 관리기술	2.1 수퍼비전 목적을 수퍼바이지에게 설명할 수 있다.					
	2.2 서로가 동의하고 명확한 계약을 협상해 낼 수 있다.					
	2.3 적절한 경계를 유지할 수 있다.					
	2.4 다음과 같은 수퍼비전 분위기를 형성할 수 있다. 공감적/진실한/적합한/신뢰할 수 있는/직접적					
	2.5 행정적 · 교육적 · 지지적 기능 간의 균형을 유지할 수 있다.					
	2.6 정각에 적절하게 회기를 끝낼 수 있다.					
3. 수퍼비전 개입기술	3.1 다음의 개입 유형을 사용할 수 있다. 규범적/지식을 주는/대립적/촉매적/카타르시스적/지지적					
	3.2 다음과 같은 방법으로 피드백을 줄 수 있다. 명확한/인정한/균형이 맞는/구체적					
	3.3 다음에 유용하게 초점을 맞출 수 있다. 보고된 내용/수퍼바이지의 개입/수퍼바이지-클라이언트 관계/수퍼바이지의 역전이/수퍼비전 관계/자신의 역전이/좀 더 넓은 맥락					

(계속)

1) Hawkins & Shohet(2006); 사회복지현장실습지도자교육(2010. 한국사회복지사협회) 재인용.

항 목	내 용	점 수				
		1	2	3	4	5
4. 특성 또는 특질	4.1 수퍼바이저 역할에 헌신한다.					
	4.2 수퍼바이저 역할 고유의 권위에 편안하다.					
	4.3 격려하고 동기를 부여하며 적절한 낙관성을 제공할 수 있다.					
	4.4 수퍼바이지의 욕구에 대해 민감하다.					
	4.5 다음과 같은 개인의 차이를 인식하고 적응할 수 있다. 성/연령/문화적 · 인종적 배경/계층/성적/오리엔테이션/성격/전문적 훈련					
	4.6 유머감각이 있다.					
5. 지속적 발전에 대한 헌신	5.1 자신의 적절한 수퍼비전에 대해 책임져 왔다.					
	5.2 자신의 실천가 및 수퍼바이저로서의 기술과 지식을 업데이트하기 위해 노력했다.					
	5.3 수퍼바이저로서 자신의 강점과 단점을 파악하고 자신의 한계를 인정한다.					
	5.4 다음과 같은 사람들에게 정기적 피드백을 받는다. 수퍼바이지/동료/자신의 수퍼바이저 또는 상사					
6. 집단 수퍼바이저	6.1 집단역동에 대한 지식을 가지고 있다.					
	6.2 수퍼비전 과정을 돕기 위해 집단과정을 사용할 수 있다.					
	6.3 집단 내의 경쟁력을 조정할 수 있다.					
7. 시니어 조직 수퍼바이저	7.1 전문가 간의 이슈를 감독할 수 있다.					
	7.2 조직의 이슈를 감독할 수 있다.					
	7.3 팀 내의 활동 범위와 조직발달에 대한 지식을 가지고 있다.					
	7.4 기초가 되는 팀 또는 조직문화를 '표면화'할 수 있다.					
	7.5 조직의 변화를 촉진할 수 있다.					
	7.6 수퍼비전이 활발하게 이루어지는 학습문화를 조성할 수 있다.					

[실습생 29] 수퍼비전 평가척도[2)]

수퍼비전 평가척도

1점: 위험이 없는 상태로, 현재의 실천이 적절하여 수정이 필요하지 않은 상태
2점: 약간의 위기상태로, 현재의 실천은 적절하지만 약간의 수정이 필요한 상태
3점: 중간 정도의 위기가 있는 상태로, 현재의 실천은 문제가 있기 때문에 위기를 최소화하기 위한 수정이 필요한 상태
4점: 높은 위기상태로, 현재의 실천은 심각하게 문제가 있으며 수정이 매우 필요한 상태

항목		내용	점수			
			1	2	3	4
수퍼비전	1	수퍼바이저는 수퍼바이지가 고지된 동의를 하도록 정보를 제공하는가?				
	2	수퍼바이저는 철저한 치료와 개입 계획을 발전시키고 실행하려는 수퍼바이지의 노력을 관찰하는가?				
	3	수퍼바이저는 정보의 부적절한 노출과 같은 클라이언트와의 모든 접촉에서 수퍼바이지의 실수를 지적하고 반응하는가?				
	4	수퍼바이저는 수퍼바이지의 클라이언트가 언제 다른 곳으로 의뢰되어야 하는지, 치료의 종결은 언제 해야 하는지 등에 관해 알고 있는가?				
	5	수퍼바이저는 수퍼바이지가 언제 자문을 구해야 하는지 알고 있는가?				
	6	수퍼바이저는 수퍼바이지의 역량이 부족하며, 잘못을 저지르고 비윤리적 행위를 했다는 것을 수퍼바이지가 기꺼이 말할 수 있도록 그 능력과 자발성을 모니터링하는가?				
	7	수퍼바이저는 수퍼바이지가 자신의 클라이언트와 적절한 경계를 유지하는지 모니터링하는가?				
	8	수퍼바이저는 신체적 위험으로부터 제삼자를 보호하는가?				
	9	수퍼바이저는 필요 이상으로 길게 진행되는 치료와 태만한 치료 계획을 감지하거나 중지하는가?				
	10	수퍼바이저는 특정 클라이언트의 치료를 위해서는 외부 전문가를 활용하는가?				
	11	수퍼바이저는 수퍼바이지와 정기적으로 만나는가?				
	12	수퍼바이저는 수퍼바이지의 기록, 결정, 행동을 검토하고 인정하는가?				
	13	수퍼바이저는 수퍼바이지의 결근에 적절한 반응을 보이는가?				
	14	수퍼바이저는 수퍼비전 제공에 대해 문서화하는가?				
	15	수퍼바이저는 수퍼바이지와의 관계에서 적절한 경계를 유지하는가?				

(계속)

2) Reamer(2001); 한국사회복지사협회(2010)에서 재인용.

항 목		내 용	점수			
			1	2	3	4
수퍼비전	16	수퍼바이저는 수퍼바이지에게 시기적절하고 도움이 되는 성과평가와 피드백을 제공하는가?				
	17	수퍼바이저는 수퍼비전 동의서를 문서화하는가?				
	18	수퍼바이저는 수퍼바이지의 윤리적 관심과 윤리적 쟁점의 민감성을 높이기 위한 수퍼바이지의 노력에 반응하는가?				
	19	수퍼바이저는 수퍼바이지가 자신의 전문적 책임성을 충족시킬 수 있도록 충분한 시간과 적절한 업무량을 제시하는가?				
	20	수퍼바이저는 적절한 수퍼비전을 제공하기 위하여 그들의 업무에 있어 충분한 시간을 제공하는가?				

참고문헌

김계순(2007). 부모-자녀 간 의사소통이 청소년의 문제행동에 미치는 영향, 수원대학교 석사 학위 논문.

권재환, 이은희(2005). 판별분석을 이용한 게임중독 청소년들의 심리적 사회환경적 특성 예측, **한국건강심리학회지**, 10(1).

김선희, 조휘일(2000). **사회복지실습**. 파주: 양서원.

김정진, 윤철수(2010). **예비사회복지사를 위한 현장실습 길라잡이**. 서울: 학지사.

김학주(2004). **사회복지프로그램 평가**. 서울: 집문당.

반포종합사회복지관, 서울대학교 실천사회복지연구회(2002). **실천가와 연구자를 위한 사회복지 척도집**. 서울: 나눔의집.

서진환(2001). **사회복지실습의 길잡이**. 서울: 학지사.

서초구립 반포종합사회복지관, 서울대학교 실천사회복지연구소(2007). **실천가와 연구자를 위한 사회복지척도집**. 서울: 나눔의집.

오수경, 박병금, 최은희(2012). **사회복지현장실습**. 고양: 공동체.

오혜경, 하지영(2010). **사회복지현장실습매뉴얼**. 파주: 양서원.

윤철수, 김정진(2010). **예비사회복지사를 위한 현장실습 길라잡이**. 서울: 학지사.

이봉주, 김기덕(2008). **사회복지 프로그램 기획의 이해와 적용**. 서울: 신정.

최길호(2005). 미국사회복지교육의 역사, 당면과제, 그리고 미래에 대한 전망, **한국사회복지교육**, 1(2).

태화기독교사회복지관(2003). **사회복지실습지도-이론과 실제-**. 파주: 양서원.

청주대학교 사회복지학과(2013). 현장실습 오리엔테이션 자료집.

한국사회복지교육협의회(2005). 사회복지현장실습 교과목 지침서 연구보고서.

한국사회복지교육협의회(2010). 사회복지 교과목 지침서.

한국사회복지교육협의회(2013). 한국사회복지교육의 실태와 개선방향, 사회복지교육정책세미나 자료집.

한국사회복지사협회(2012). 사회복지현장실습 실태조사와 지침서.

한국사회복지사협회(2013a). 사회복지현장실습 안내서.

한국사회복지사협회(2013b). 표준실습교육매뉴얼: 종합사회복지관.

한남대학교 사회복지학과(2012). 사회복지현장실습 오리엔테이션 자료집.
한송이, 윤혜미(2010). 집단따돌림 경험유형에 따른 초기 청소년의 자아존중감, 자기주장 행동 및 부모와의 의사소통, **생활과학논문집, 14**(1).

Berg-Weger, M. & Birkenmaier, J. M. (2000). *The practicum companion for social work: Integrating class and field work*. New York: Allyn & Bacon.
Chiaferi, R. & Griffin, M. (1997). *Developing fieldwork skills: A guide for human services, counseling, and social work students*. Pacific Grove, CA: Brooks/Cole.
Fortune, A. E. (1994). Field Education. In F. G. Reamer (eds.), *The foundations of social work knowledge*, New York: Columbia University Press.
Panos, P. T., Pettys, G. L., Cox, S. E., & Jones-Hart, E. (2004). Survey of international field education placements of accredited social work education programs. *Journal of Social Work Education, 40*, 467-478.
Reamer, F. (2001). *The social work ethics audit:A riskmanagement tool*. Washington, DC: NASW.
Hawkins, P. & Shohet, R. (2006). *Supervision in the helping professions*. (3rd ed.) New York, NY: Open University.

한국사회복지사협회: http://www.welfare.net

찾아보기

저자 소개

오창순 이화여자대학교 대학원 사회복지학과 석사
이화여자대학교 대학원 사회복지학과 박사
전 서울적십자병원 정신보건사회복지사/의료사회사업실장
한국정신보건사회복지학회 회장
한국학교사회복지학회 회장
현 한남대학교 사회복지학과 교수

〈주요 저서 및 역서〉
인간행동과 사회환경(2판, 공저, 학지사, 2010)
학교사회복지의 이론과 실제(2판, 공저, 학지사, 2009)
사회복지실천론: 통합적관점(역, 아시아미디어리서치, 2001) 외 다수

장수미 이화여자대학교 대학원 사회복지학과 석사
이화여자대학교 대학원 사회복지학과 박사
전 서울적십자병원 의료사회사업실장
연희정신건강클리닉 정신보건사회복지사
현 청주대학교 사회복지학과 교수

〈주요 저서 및 역서〉
사회복지실천론(공저, 학지사, 2013)
의료현장과 사회복지실천(공저, 학지사, 2013)
사회복지실천기술론(공저, 학지사, 2010) 외 다수

김수정 이화여자대학교 대학원 사회복지학과 석사
이화여자대학교 대학원 사회복지학과 박사
전 한국사회복지사협회 팀장
국회의원 비서관
현 국제사이버대학교 사회복지학과 교수

〈주요 저서 및 역서〉
사회복지법제론(학지사, 2012)
인간행동과 사회환경(2판, 공저, 학지사, 2010)
사회행동입문(공저, 양서원, 2006) 외 다수

콕콕 짚어 주는
사회복지현장실습 지침서

2014년 2월 20일 1판 1쇄 발행
2021년 9월 25일 1판 6쇄 발행

지은이 • 오창순 · 장수미 · 김수정
펴낸이 • 김 진 환
펴낸곳 • (주) 학지사
04031 서울특별시 마포구 양화로 15길 20 마인드월드빌딩 5층
대표전화 • 02) 330-5114 팩스 • 02) 324-2345
등록번호 • 제313-2006-000265호
홈페이지 • http://www.hakjisa.co.kr
페이스북 • https://www.facebook.com/hakjisabook

ISBN 978-89-997-0326-3 93330

정가 13,000원

이 도서의 국립중앙도서관 출판시도서목록(CIP)은 서지정보유통지원시스템 홈페이지(http://seoji.nl.go.kr)와 국가자료공동목록시스템(http://www.nl.go.kr/kolisnet)에서 이용하실 수 있습니다.
(CIP제어번호: CIP2014007207)